clara

Kurze lateinische Texte
Herausgegeben von Hubert Müller

Heft 32

Cicero,
Pro Sestio

Bearbeitet von Ursula Blank-Sangmeister

Mit 5 Abbildungen

Vandenhoeck & Ruprecht

Inhalt

ISBN 978-3-525-71735-6

© 2012 Vandenhoeck & Ruprecht GmbH & Co. KG, Göttingen / www.v-r.de

Alle Rechte vorbehalten. Das Werk und seine Teile sind urheberrechtlich geschützt.
Jede Verwertung in anderen als den gesetzlich zugelassenen Fällen bedarf der vorherigen schriftlichen Einwilligung
des Verlages. Hinweis zu § 52a UrhG: Weder das Werk noch seine Teile dürfen ohne vorherige schriftliche
Einwilligung des Verlages öffentlich zugänglich gemacht werden.
Dies gilt auch bei einer entsprechenden Nutzung für Lehr- und Unterrichtszwecke. Printed in Germany.

Gesamtherstellung: ⊕ Hubert & Co, Göttingen

Gedruckt auf chlorfrei gebleichtem Papier.

Abbildungsnachweis: Archäologisches Institut der Universität Göttingen (Foto: Stephan Eckardt): 11;
Andrey Starostin: 15

Liebe Schülerin, lieber Schüler!

Im Jahre 56 v.Chr. verteidigte Cicero Publius Sestius, den Volkstribun des vorausgegangenen Jahres, der wegen »Gewaltanwendung« (*de vi*), der Störung des öffentlichen Friedens, vor Gericht stand. Der Prozess endete mit einem einstimmigen Freispruch.

Diese Rede ist insofern außergewöhnlich, als Cicero keine Verteidigungsrede im klassischen Sinne hält, sondern seinen Gerichtsauftritt dazu nutzt, um ausführlich auf die jüngere politische Vergangenheit und sein eigenes Schicksal einzugehen, das allerdings eng mit Sestius' Wirken als Volkstribun verbunden ist. Auf den historischen Teil der Rede folgt ein systematischer: Hier definiert Cicero die konservativen politischen Kräfte, die Optimaten, sowie ihre staatlichen Ziele und plädiert leidenschaftlich für die Erhaltung der überkommenen Staatsordnung.

Die hier vorgestellten Textauszüge sollen zeigen, wie Cicero seine Rede aufbaut, welcher Mittel er sich dabei bedient und wie er die Gelegenheit ergreift, seine eigene Sicht der Ereignisse und sein eigenes politisches Programm darzulegen und nicht zuletzt sich selbst in ein positives Licht zu rücken.

Um Ihnen die Arbeit zu erleichtern, sind wir folgendermaßen vorgegangen:
- Die Texte sind nach Sinneinheiten gesetzt.
- In der rechten Spalte sind die Vokabeln angegeben, die nicht Teil des Grundwortschatzes sind. Rot hervorgehoben sind die Wörter, die zum Aufbauwortschatz gehören oder darüber hinaus in der Textsammlung mehr als zweimal auftauchen. Alle diese rot markierten Wörter sind als Lernvokabeln gedacht und werden nur bei ihrem ersten Vorkommen aufgeführt. Am Ende des Heftes sind sie noch einmal alphabetisch zusammengestellt.
- Fragen und Aufgaben helfen, die Texte zu verstehen und zu erschließen.
- Zusatztexte liefern Hintergrundinformationen, die die in den lateinischen Texten aufgeworfenen Fragen ergänzen und verdeutlichen.

1 Exordium

Teil 1

Si quis antea, iudices, mirabatur, quid esset, quod – pro tantis opibus rei publicae tantaque dignitate imperii – nequaquam satis multi cives forti et magno animo
5 invenirentur, qui auderent se et salutem suam in discrimen offerre pro statu civitatis et pro communi libertate, ex hoc tempore miretur potius, si quem bonum et fortem civem viderit, quam si quem aut
10 timidum aut sibi potius quam rei publicae consulentem.

Nam ut omittatis de unius cuiusque casu cogitando recordari, uno aspectu intueri potestis eos, qui cum senatu, cum bonis
15 omnibus, rem publicam adflictam excitaverint et latrocinio domestico liberaverint, maestos sordidatos reos, de capite, de fama, de civitate, de fortunis, de liberis dimicantes; eos autem, qui omnia divina
20 et humana violaverint, vexaverint perturbaverint, everterint, non solum alacres laetosque volitare, sed etiam fortissimis atque optimis civibus periculum moliri, de se nihil timere.

Bisher hat man sich gewundert, ihr Richter, weshalb trotz so großer Machtmittel des Staates und so hohen Ansehens unseres Reiches sich doch keine genügende Anzahl tatkräftiger und beherzter Bürger gefunden hat, die es gewagt hätten, sich selbst und ihr Leben für die bestehende Ordnung des Staates und die Freiheit aller aufs Spiel zu setzen; aber von jetzt an wird man sich wohl eher wundern, wenn man überhaupt noch einen guten und tatkräftigen Bürger sieht anstatt eines ängstlichen oder eines, der mehr an sich selbst als an den Staat denkt.

Ihr könnte es euch ersparen, euch das Schicksal jedes einzelnen in Gedanken zu vergegenwärtigen; denn mit einem Blick könnt ihr die Lage überschauen: Auf der einen Seite bemerkt ihr die, die in Verbindung mit dem Senat und allen Guten den Staat aus seinem tiefen Sturz wiederaufgerichtet und von der Räuberbande im Innern des Landes befreit haben; sie sind betrübt, schwarzgekleidet, angeklagt, müssen um ihre Existenz, ihren Ruf, ihre bürgerlichen Rechte, ihr Vermögen, ihre Kinder kämpfen; auf der anderen Seite erkennt ihr die, die alle göttlichen und menschlichen Rechte verletzt, erschüttert, in Verwirrung und Zerrüttung gestürzt haben; und diese laufen nicht nur ausgelassen und fröhlich umher, sondern schreiten sogar zum Angriff gegen die tatkräftigsten und besten Bürger und brauchen dabei nicht einmal etwas für ihre eigene Person zu befürchten.

4

In quo cum multa sunt indigna, tum nihil minus est ferendum quam quod iam non per latrones suos, non per homines egestate et scelere perditos, sed per vos nobis, per optimos viros optimis civibus periculum inferre conantur, et quos lapidibus, quos ferro, quos facibus, quos vi manu copiis delere non potuerunt, hos vestra auctoritate, vestra religione, vestris sententiis se oppressuros arbitrantur.

Daran ist vieles empörend, aber das Unerträglichste daran ist die Tatsache, dass sie jetzt nicht mehr mit ihren Banditen, mit verkommenen Elends- und Verbrechergestalten, sondern euch gegen uns, durch die besten Männer gegen die besten Bürger ihre Angriffe zu führen versuchen und die Überzeugung gewonnen haben, die Männer [die Volkstribunen Sestius und Milo], die sie mit Steinen, mit Feuer und Schwert, mit Gewalttaten und mit Bandenterror nicht vernichten konnten, mithilfe eures Ansehens, eures Eides und eures Urteilsspruchs überwältigen zu können.

Ego autem, iudices, qua voce mihi in agendis gratiis commemorandoque eorum, qui de me optime meriti sunt, beneficio esse utendum putabam, ea nunc uti cogor in eorum periculis depellendis, (ut) iis potissimum vox haec serviat, quorum opera et mihi et vobis et populo Romano restituta est.

Ich habe geglaubt, ihr Richter, meine Stimme nur erheben zu müssen, um den Männern zu danken, die sich um mich in hohem Maße verdient gemacht haben, und um ihre Freundschaftsdienste gebührend hervorzuheben; jetzt aber sehe ich mich gezwungen, sie zu erheben, um Gefahren von ihnen abzuwenden, damit meine Stimme hauptsächlich denen einen Dienst erweist, deren Bemühungen es zu verdanken ist, dass sie mir, euch und dem römischen Volk wiedergeschenkt worden ist.

1 Vor der Lektüre des Textes: Was erwarten Sie von einer Einleitung einer Verteidigungsrede? Notieren Sie Stichpunkte.

2 Welcher Unterschied besteht laut Cicero zwischen früher und heute (1. Absatz)?

3 Wer sind die im 2. und 3. Absatz genannten Personen? Lesen Sie dazu auch den Zusatztext (Der politische Hintergrund, S. 7).

4 In welcher Situation befinden sich die Richter im Sestius-Prozess (3. Absatz)?

5 Wie beschreibt Cicero seine eigene Situation (4. Absatz)? Inwiefern hält er sie für paradox?

6 (a) Mit welchen Gefühlen übernimmt Cicero laut eigener Aussage die Verteidigung des Sestius? – (b) Was will er mit dieser Aussage bewirken?

Teil 2

1 Et quamquam a Q. Hortensio, clarissimo viro atque eloquentissimo, causa est P. Sestii perorata, nihilque ab eo praetermissum est […], tamen adgrediar ad dicendum […]. Atque ego sic statuo, iudices, a me in hac causa atque hoc extremo dicendi loco pietatis potius quam defensionis, querelae quam eloquentiae, doloris quam ingeni partis esse susceptas. […]

Nun, ich weiß: Der hochangesehene Q. Hortensius hat über die Sache des P. Sestius bereits alles gesagt, was zu sagen ist […]; aber ich will es doch unternehmen, für ihn zu sprechen […]. Und hierbei stelle ich ausdrücklich fest, ihr Richter: Ich habe mich in dieser Sache als letzter Redner angenommen, mehr als dankbarer Freund denn als Verteidiger zu sprechen, mehr meinen Klagen und schmerzlichen Gefühlen als meiner Beredsamkeit und meiner Kunst freien Lauf zu lassen.

10 Nam neque officio coniunctior dolor ullius esse potest quam hic meus susceptus ex hominis de me optime meriti periculo, neque iracundia magis ulla laudanda (est) quam ea, quae me inflammat eorum scelere, qui cum omnibus meae salutis defensoribus bellum esse sibi gerendum iudicaverunt.

Denn keines Menschen Schmerz kann so sehr ein Gebot der Freundespflicht sein wie der meine, den ich darüber empfinde, dass man einem um mich hochverdienten Mann den Prozeß macht, und kein Zorn verdient mehr Lob als der, der mich entflammt gegen die verbrecherische Haltung derjenigen, welche meinten, mit allen Krieg führen zu müssen, die sich für meine Begnadigung eingesetzt haben.

Sed quoniam singulis criminibus ceteri responderunt, dicam ego de omni statu P. 20 Sestii, de genere vitae, de natura, de moribus, de incredibili amore in bonos, de studio conservandae salutis communis atque otii;

Aber nachdem die anderen Richter auf die einzelnen Anklagepunkte eingegangen sind, will ich mehr allgemein über P. Sestius sprechen: über seinen politischen Standpunkt, seine Lebensweise, sein Wesen, seinen Charakter, seine überaus herzliche Parteinahme für die Guten, sein Bestreben, das Gemeinwohl und den Frieden im Innern zu erhalten. Ich will mich

contendamque, si modo id consequi po-25 tero, ut in hac confusa atque universa defensione nihil ab me, quod ad vestram quaestionem, nihil quod ad reum, nihil quod ad rem publicam pertineat, praetermissum esse videatur.

dabei bemühen, so gut ich kann, in dieser zusammenfassenden und allgemein gehaltenen Verteidigungsrede nichts auszulassen, was mit eurer Untersuchung, mit dem Angeklagten und mit den politischen Verhältnissen zu tun hat. (*Übers. G. Krüger*)

1 Auf welche Punkte will Cicero in seiner Rede eingehen, auf welche nicht? – (b) Bewerten Sie sein »Programm«.

2 Zu Teil 1 und 2: Fassen Sie den Inhalt des Redeanfangs zusammen und vergleichen Sie mit Ihren Notizen zu Teil 1, Aufgabe 1.

3 Zu Teil 1 und 2: Lesen Sie den Zusatztext »Redeeinleitung« und prüfen Sie, inwiefern Cicero sich an die dort empfohlenen Punkte hält.

Redeeinleitung

Die nach den klassischen Regeln aufgebaute Gerichtsrede (*genus iudicale*) besteht aus vier Teilen: dem *exordium* (Einleitung), der *narratio* (Schilderung des Sachverhalts), *der probatio* (Beweisführung) und der *peroratio* (Schluss).

»Das *exordium* als *principium / prooemium*: Es soll die Aufmerksamkeit des Publikums gegenüber den Inhalten und Redezielen wecken (*attentum parare*), es soll den Hauptteil inhaltlich vorbereiten (*docilem parare*) [...] und es soll die Zuhörer gegenüber den Inhalten der Rede und gegenüber dem Redner gewogen machen (*benevolum parare* oder *captatio benevolentiae*).«

(www.rhetorik-homepage.de/aufbau.html)

Der politische Hintergrund

1 Die Verteidigungsrede fiel in eine äußerst turbulente Zeit. Als Konsul des Jahres 63 v.Chr. hatte sich Cicero durch die Aufdeckung und Niederschlagung der Catilinarischen Verschwörung sehr verdient gemacht. Doch statt der erwarteten lebenslangen Anerkennung seiner Leistungen sah er sich bald massiven Angriffen ausgesetzt. So
5 hatte er sich insbesondere die Feindschaft eines sehr zwielichtigen Mannes namens Clodius zugezogen, weil er ihn durch eine Zeugenaussage schwer belastet hatte: Clodius war 62 v.Chr. in das Haus Caesars eingedrungen, als dort das Fest der Bona Dea gefeiert wurde, bei dem kein Mann anwesend sein durfte.

In seinem Volkstribunat (58 v.Chr.) brachte Clodius daraufhin einen Gesetzesantrag
10 ein, nach dem jeder, der einen römischen Bürger ohne Gerichtsurteil hatte töten lassen, geächtet werden solle. Dieses Gesetz war direkt gegen Cicero und dessen Hinrichtung der Catilinarier gerichtet. Da Cicero weder durch die – von Clodius bestochenen – amtierenden Konsuln noch durch die damaligen »starken« Männer Roms, Pompeius, Crassus und Caesar, Rückdeckung erfuhr, entzog er sich einer drohenden
15 Anklage und begab sich freiwillig ins Exil. Sein Haus auf dem Palatin wurde in Brand gesteckt, sein Hab und Gut geplündert.

Als Clodius nun mit seinen bewaffneten Banden Rom terrorisierte, antworteten die Volkstribune des folgenden Jahres, Milo und Sestius, mit Gegenterror. Trotz des massiven Widerstands vonseiten des Clodius und seiner Bande wurde im August Ciceros
20 Rückkehr nach Rom per Gesetz beschlossen. Unter großem Jubel der Bevölkerung konnte dieser im September 57 in der Hauptstadt Einzug halten. Deshalb versuchte Clodius sich an Sestius zu rächen, der sich mit allen Kräften für Ciceros Rückberufung eingesetzt hatte, indem er ihn »wegen Gewaltanwendung« vor Gericht brachte.

2 Die Persönlichkeit des Sestius

1 Parente P. Sestius natus est, iudices, homine,
ut plerique meministis,
et sapiente et sancto et severo. […]
Eo auctore duxit honestissimi et spectatissimi viri,
5 C. Albini, filiam, ex qua hic est puer
et nupta iam filia. […]

Ademit Albino soceri nomen mors filiae,
sed caritatem illius necessitudinis
et benevolentiam non ademit:
10 Hodie sic hunc diligit, ut vos facillime potestis
ex hac vel assiduitate eius vel sollicitudine
et molestia iudicare.
Duxit uxorem patre vivo
optimi et calamitosissimi viri filiam, L. Scipionis.

15 Clara in hoc P. Sestii pietas exstitit et omnibus grata,
quod et Massiliam statim profectus est,
ut socerum videre consolarique posset
fluctibus rei publicae expulsum; […]
et ad eum filiam eius adduxit,
20 ut ille insperato aspectu complexuque
si non omnem at aliquam partem maeroris sui
deponeret. […]

Possum multa dicere de liberalitate,
de domesticis officiis, de tribunatu militari,
25 de provinciali in eo magistratu abstinentia …

parente: *gemeint ist L. Sestius, ein früherer Volkstribun*
sānctus: *hier:* gewissenhaft

dūxit: *erg.* Sēstius
dūcere: *hier:* heiraten
spectātus: angesehen, tüchtig
C. Albīnus: *Eigenname*
hic: *hier:* anwesend

socerī: *Gen. explicativus*
socer, ī *m.*: Schwiegervater
cāritās, tātis *f.*: Liebe
necessitūdō, dinis *f.*: Verwandtschaft
benevolentia: Wohlwollen
vel … vel: entweder … oder
assiduitās, tātis *f.*: ständiger Umgang
sollicitūdō, dinis *f.*: Unruhe, Besorgnis
dūxit: *erg.* Sēstius
calamitōsus: unglücklich
L. Scīpiō, ōnis: *Konsul 83, Gegner Sullas, ging nach Massilia ins Exil*

pietās, tātis *f.*: *hier:* Familiensinn, Anhänglichkeit
exsistere, exstitī: hervortreten, sich zeigen
Massilia: Marseille *(Stadt in Südfrankreich)*
cōnsōlārī: trösten
flūctus, ūs *m.*: *hier:* Sturm
īnspērātus: unverhofft
aspectus, ūs *m.*: Blick, Anblick
complexus, ūs *m.*: Umarmung
maeror, ōris *m.*: Trauer
līberālitās, tātis *f.*: edle Gesinnung, Freigebigkeit
domesticus: häuslich, familiär
tribūnātus, ūs mīlitāris *m.*: Militärtribunat *(hohes Offiziersamt)*
prōvinciālis, e: in der Provinz
abstinentia: Uneigennützigkeit

1 Nach welchen Gesichtspunkten wird Sestius hier beschrieben? Nennen Sie Stichwörter.

2 Charakterisieren Sie das Verhältnis zwischen Sestius und seinen beiden Schwiegervätern. Zitieren Sie lateinisch.

3 Welche Eigenschaften des Sestius hebt Cicero in diesem Abschnitt besonders hervor und welche Wirkung will er damit vor Gericht erzielen?

3 Cicero und Sestius

Nachdem sich Cicero über Sestius' Leistungen als Quästor lobend geäußert hat, schildert er, bevor er auf dessen Volkstribunat (57 v.Chr.) zu sprechen kommt, die politische Lage des vorausgegangenen Jahres: Der Volkstribun Clodius hatte ein Gesetz eingebracht, das gegen Cicero gerichtet war (vgl. Zusatztext, S. 7). Obwohl der Senat, die römischen Ritter und das ganze Volk für Cicero Partei ergriffen, verweigerten ihm die angeblich völlig unfähigen und korrupten Konsuln Gabinius und Piso jegliche Unterstützung.

1	Etsi me attentissimis animis	attentus: aufmerksam
	summa cum benignitate auditis, iudices,	benīgnitās, tātis *f.*: Wohlwollen
	tamen vereor, ne quis forte vestrum miretur,	vestrum: *Gen. zu* vōs
	quid haec mea oratio tam longa	altē repetītus: weit ausholend
5	aut tam alte repetita velit	
	aut quid ad P. Sestii causam eorum,	eōrum: *gehört zu* dēlicta
	qui ante huius tribunatum	tribūnātus, ūs *m.*: (Volks)Tribunat
	rem publicam vexaverunt,	vexāre: quälen, erschüttern
	delicta pertineant.	dēlictum: Vergehen
10	Mihi autem hoc propositum est ostendere	mihi prōpositum est: ich habe mir
	omnia consilia P. Sestii	vorgenommen
	mentemque totius tribunatus	mēns, mentis *f.*: *hier*: Ziel
	hanc fuisse,	
	ut afflictae et perditae rei publicae,	afflīctus: schwer angeschlagen
15	quantum posset, mederetur.	perditus: *hier*: dem Untergang geweiht
		medērī alicui rei: heilen
	Ac si in exponendis vulneribus illis	
	de me ipso plura dicere videbor, ignoscitote;	plūra: allzu viel
	nam et illam meam cladem vos et omnes boni	īgnōscitōte: *Imperativ II*: ihr mögt verzeihen
	maximum esse rei publicae vulnus iudicavistis,	clādēs, is *f.*: Niederlage, Sturz; Unglück, Unheil
20	et P. Sestius est reus non suo, sed meo nomine:	
	Qui cum omnem vim sui tribunatus	suō nōmine: seinetwillen
	in mea salute consumpserit,	cōnsūmere in: *hier*: verwenden auf
	necesse est meam causam praeteriti temporis	
	cum huius praesenti defensione esse coniunctam.	dēfēnsiō, ōnis *f.*: Verteidigung

1 Wie charakterisiert Cicero die politische Situation vor dem Tribunat des Sestius? Zitieren Sie lateinisch.

2 Worauf könnte Cicero mit *cladem* (Z. 18) und *salute* (Z. 22) anspielen?

3 Erläutern Sie Z. 20.

4 Wie stellt Cicero die Beziehung zwischen sich und Sestius dar?

4 Die politische Lage nach Clodius' Gesetzesantrag

Quae cum essent eius modi, iudices,
cum senatus duces nullos ac pro ducibus proditores
aut potius apertos hostes haberet, [...]
arma essent in templis, armati in foro
5 eaque non silentio consulum dissimularentur,
sed et voce et sententia comprobarentur,
cum omnes urbem nondum excisam et eversam,
sed iam captam atque oppressam videremus:

Tamen his tantis malis tanto bonorum studio,
10 iudices, restitissemus,
sed me alii metus atque aliae curae
suspicionesque moverunt.

Exponam enim hodierno die, iudices,
omnem rationem facti et consilii mei,
15 neque huic vestro tanto studio audiendi
nec vero huic tantae multitudini,
quanta mea memoria numquam ullo in iudicio fuit,
deero.
Nam si ego in causa tam bona, tanto studio senatus,
20 consensu tam incredibili bonorum omnium,
tam parato populo,
tota denique Italia ad omnem contentionem
expedita,
cessi tribuni plebis,
25 despicatissimi hominis, furori,
contemptissimorum consulum
levitatem audaciamque pertimui,
nimium me timidum, nullius animi,
nullius consilii fuisse confiteor.

prōditor, ōris *m.*: Verräter
potius *Adv.*: eher
apertus: offen(kundig)
armātus: bewaffnet
dissimulāre: verheimlichen, verleugnen
sententia: *hier:* Votum
comprobāre: für gut befinden, billigen
excīdere, cīdī, cīsum: zerstören
ēvertere, vertī, versum: umkehren, zerstören

malum: Übel, Leiden
studiō: angesichts des Engagements
restitissēmus: *Pl. maiestatis/modestiae*
suspiciō, ōnis *f.*: *hier:* Bedenken

hodiernus: heutig
ratiō, ōnis *f.*: *hier:* Gründe
studium audiendī: Bereitschaft zuzuhören

dēesse alicui: *hier:* jmd. enttäuschen
studiō ... cōnsēnsū: *Abl. modi*
cōnsēnsus, ūs *m.*: *hier:* Einmütigkeit
parātus: *hier:* entschlossen
contentiō, ōnis *f.*: *hier:* Kampf
expedītus: (einsatz)bereit
cessī + *Dat.*: *hier:* ich wäre nur zurückgewichen vor
tribūnus plēbis = Clōdius
dēspicātus: verachtet
levitās, tātis *f.*: *hier:* Charakterlosigkeit
pertimuī: *hier:* ich hätte gefürchtet
timidus: furchtsam, ängstlich
nūllīus animī: *Gen. qualitatis*: kleinmütig
cōnfiteor: *hier:* ich müsste zugegeben

1 (a) Skizzieren Sie die Lage in Rom. – (b) Welche »Parteien« stehen sich gegenüber? Belegen Sie Ihre Aussagen am Text.

2 Wie hätte Cicero auf diese Situation reagieren und worauf / auf wen hätte er sich stützen können?

3 (a) Warum hat er es nicht getan? Welchen Eindruck möchte er unbedingt vermeiden? – (b) Bewerten Sie seine Selbstdarstellung.

4 Wie versucht er, die Zuhörerschaft für sich zu gewinnen, und welche rhetorischen Mittel setzt er dafür ein?

Cicero – eine Kurzbiographie

Marcus Tullius Cicero wurde im Jahre 106 v.Chr. in der Stadt Arpinum (etwa 100 km südöstlich von Rom) geboren und erlebte die unruhigen Zeiten der ausgehenden römischen Republik aus nächster Nähe. Als Angehöriger des Ritterstandes und *homo novus* bekleidete er alle politischen Ämter zum jeweils frühestmöglichen Zeit-
5 punkt (*suo anno*) und erreichte im Jahre 63 v.Chr. das Konsulat. Es gelang ihm, die sog. Catilinarische Verschwörung, einen Putschversuch gegen den römischen Staat, niederzuschlagen, doch weil er – aufgrund eines Notstandsgesetzes – römische Bürger ohne Gerichtsurteil hatte hinrichten lassen, zwang ihn der Volkstribun Clodius einige Jahre später, vorübergehend im Exil zu leben. Politisch zwischen den Popularen und
10 Optimaten hin und her schwankend, schlug er sich im Bürgerkrieg zwischen Caesar und Pompeius auf die Seite des Pompeius, wurde aber von Caesar nach dessen Sieg begnadigt. In den zwischen Octavian und Antonius ausgetragenen Machtkämpfen nach Caesars Ermordung (44 v.Chr.) griff er Antonius immer wieder scharf an und fiel schließlich ein Jahr später, nachdem sich die ehemaligen Rivalen zusammen mit
15 Marcus Lepidus zum sog. zweiten Triumvirat verbündet hatten, den Proskriptionen (Ächtung der politischen Gegner) zum Opfer. Cicero war nicht nur ein herausragender Staatsmann und Schriftsteller, sondern gilt auch als der bedeutendste Redner Roms. Über 50 Reden, die er vor dem Volk, dem Senat oder vor Gericht gehalten hat, sind auf die Nachwelt gekommen, dazu eine Reihe rhetorisch-theoretischer Schrif-
20 ten. In seinem rhetorischen Hauptwerk, dem aus drei Büchern bestehenden Dialog *De oratore*, befasst er sich mit den Voraussetzungen des vollkommenen Redners. »Das Rednerideal, das darin entwickelt wird, ist eine Gestalt, die mit dem Leben der Ge-

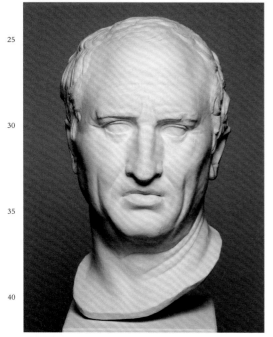

meinschaft, die sie lenken soll, engstens verflochten ist und die Cicero selbst als
25 Ideal für sein eigenes Leben [...] vorschwebte [...]. Das Anliegen des Werkes ist, weit davon entfernt, technische Vorschriften zu geben, gerade dieses, den Redner über das Technische hinaus-
30 zuheben. Für Cicero heißt das nicht nur, die unlösliche Verbundenheit von Moralischem und Können zu betonen [...], sondern Wort und Sache zu vereinen [...], den Zwiespalt von Zunge und
35 Herz (*de or. 3,61*) zu überwinden. Der Redner muss aus Kenntnis und Überzeugung sprechen [...]. Der Redner muss darum gebildet sein. Er muss sich auf die Geschichte und das Recht eben-
40 so wie auf Philosophie verstehen.« (Karl Büchner, Römische Literaturgeschichte, Stuttgart ⁶1994, S. 190)

Büste Ciceros.

5 Bewaffneter Widerstand?

Es geht wieder um die für Cicero gefährliche Lage im Jahre 58, in der ihm wegen Clodius' Gesetzesantrag eine Verurteilung droht, sowie um die Frage, was er in dieser Situation hätte tun sollen.

Unum autem mihi restabat illud,
quod forsitan
non nemo vir fortis
et acris animi magnique dixerit:
5 »Restitisses, repugnavisses,
mortem pugnans oppetivisses.«

restāre: übrig bleiben
forsitan *Adv.*: vielleicht
fortis animī et māgnī: *Gen. qualitatis*;
schneidig und beherzt
restitissēs, repūgnāvissēs, oppetīvissēs:
du hättest … sollen
repūgnāre: sich widersetzen
mortem oppetere, petīvī: den Tod auf
sich nehmen

De quo te, te, inquam, patria, testor
et vos, penates patriique dei,
me vestrarum sedum templorumque causa,
10 me propter salutem meorum civium,
quae mihi semper fuit mea carior vita,
dimicationem caedemque fugisse. [...]
»Victi essent improbi.« [...]
Sin victi essent boni, qui superessent?
15 Nonne ad servos videtis rem venturam fuisse?
An mihi ipsi, ut quidam putant,
fuit mors aequo animo oppetenda? Quid?
Tum mortemne fugiebam? An erat res ulla,
quam mihi magis optandam putarem?
20 Aut ego illas res tantas
in tanta improborum multitudine cum gerebam,
non mihi mors, non exilium ob oculos versabatur?

dē quō: dazu
testārī: als Zeugen anrufen
penātēs, ium *m.*: Penaten (Schutzgötter des Hauses)

dīmicātiō, ōnis *f.*: Kampf

sīn: wenn aber
rem: *erg.* pūblicam
ad servōs venīre: in die Hände von
Sklaven fallen

rēs tantās: *gemeint sind Ciceros Konsulat
und die Bekämpfung der Catilinarier*
ob + *Akk.*: *hier:* vor

Tam eram rudis, tam ignarus rerum,
tam expers consilii aut ingenii?
25 Nihil audiveram, nihil videram,
nihil ipse legendo quaerendoque cognoveram?
Nesciebam vitae brevem esse cursum,
gloriae sempiternum?
Cum esset omnibus definita mors,
30 optandum esse, ut vita [...]
patriae potius donata quam reservata naturae
videretur?

rudis, e: roh, ungebildet
expers, pertis + *Gen.*: frei von

sempiternus: ewig
dēfīnītus: bestimmt
optandum esse: *noch abhängig von* nesciēbam
reservāre: erhalten, aufsparen
natūrae: für das natürliche Ende

Nesciebam inter sapientissimos homines
hanc contentionem fuisse,
35 ut alii dicerent animos hominum sensusque
morte restingui,
alii autem (dicerent)
tum maxime mentes sapientium ac fortium virorum,
cum e corpore excessissent, sentire ac vigere?
40 Quorum alterum fugiendum non esse, carere sensu,
alterum etiam optandum, meliore esse sensu.

restinguere: auslöschen
sentīre ac vigēre: Einsicht und
Lebenskraft gewinnen
Quōrum alterum … esse: *noch
abhängig von* nesciēbam
carēre sēnsū: *erläutert das erste*
alterum
meliōre sēnsū: *erläutert das zweite*
alterum

1 Suchen Sie aus dem Text alle lateinischen Begriffe zum Sachfeld »Tod« heraus und ordnen Sie diese zu einer Mindmap.

2 Wie hätte Cicero nach Ansicht des *vir* (Z. 3ff.) auf die Bedrohung durch Clodius reagieren sollen und warum hat er es nicht getan? Zitieren Sie lateinisch.

3 (a) Charakterisieren Sie seine Einstellung zum Tod. – (b) Recherchieren Sie, z.B. im Internet, die Todesvorstellungen in den antiken Philosophenschulen und bereiten Sie ein Kurzreferat vor. – (c) Welcher philosophischen Richtung schließt sich Cicero in der obigen Passage an?

4 Wie präsentiert sich Cicero in diesem Abschnitt und was möchte er mit dieser Selbstdarstellung erreichen?

5 Beschreiben und deuten Sie Ciceros Angriff auf Clodius (s. Zusatztext).

Zusatztext: Cicero über Clodius (*pro Sestio* 38f.)

Erat autem mihi contentio non cum victore exercitu, sed cum operis conductis et ad diripiendam urbem concitatis. [...]

(Erat mihi res) cum scurrarum locuple-
5 tium scorto, cum sororis adultero, cum stuprorum sacerdote, cum venefico, cum testamentario, cum sicario, cum latrone.

Ich hatte auch nicht den Kampf mit einem siegreichen Heer zu bestehen, sondern mit angeworbenen Helfershelfern, die man zur Plünderung der Stadt aufgehetzt hatte. [...]

Ich hatte es vielmehr zu tun mit dem Liebling reicher Wüstlinge, dem Verführer der eigenen Schwester, einem Priester der Unzucht, einem Giftmischer, Testamentsfälscher, Meuchelmörder und Banditen.
(Übers. G. Krüger)

6 Ciceros freiwilliges Exil

Haec ego et multa alia cogitans hoc videbam,
si causam publicam mea mors peremisset,
neminem umquam fore, qui auderet suscipere
contra improbos cives salutem rei publicae;
5 itaque non solum si vi interissem,
sed etiam si morbo exstinctus essem,
fore putabam,
ut exemplum rei publicae conservandae
mecum simul interiret.

10 Quis enim umquam me
a senatu populoque Romano
tanto omnium bonorum studio non restituto
– quod certe, si essem interfectus,
accidere non potuisset –
15 ullam rei publicae partem [...] auderet attingere?

Servavi igitur rem publicam discessu meo, iudices:
Caedem a vobis liberisque vestris,
vastitatem, incendia, rapinas
meo dolore luctuque depuli,
20 et unus rem publicam bis servavi,
semel gloria, iterum aerumna mea.

Neque enim in hoc
me hominem esse infitiabor umquam,
ut me optimo fratre, carissimis liberis,
25 fidissima coniuge,
vestro conspectu, patria, hoc honoris gradu
sine dolore caruisse glorier. [...]

Hoc meo quidem animo
summi in patriam amoris mei
30 signum esse debet certissimum, quod,
cum abesse ab ea sine summo dolore non possem,
hunc me perpeti
quam illam labefactari ab improbis malui.

Glossar (rechte Spalte):

perimēre, ēmī: völlig vernichten
causa pūblica ≈ rēs pūblica

suscipere aliquid: *hier*: sich einsetzen für

exemplum reī pūblicae cōnservandae: Beispiel für die Rettung des Staates

mē ... restitūtō: *(konditionaler) abl. abs.*
restituere: *hier*: zurückrufen

ūllam ... partem attingere: sich irgendwie politisch betätigen
audēret: *deliberativer Konjunktiv der Vergangenheit*

discessus, ūs *m.*: Weggang *(euphemistische Umschreibung für den Gang ins Exil)*
vāstitās, tātis *f.*: Verwüstung
rapīna: Raub, Plünderung
lūctus, ūs *m.*: Trauer
dēpellere, pulī, pulsum: vertreiben, abwehren, -wenden
bis *Adv.*: zweimal
semel *Adv.*: einmal
glōria: *hier*: ruhmvolle Tat; *die Niederschlagung der Catilinarischen Verschwörung*
aerumna: Mühsal, Unglück

īnfitiārī: (ver)leugnen

fidus: zuverlässig, treu

gradus, ūs *m.* honōris: Ehrenstellung
glōriārī: sich rühmen

meō animō: nach meiner Meinung

quod: *faktisch*
perpetī, ior, pessus sum: erleiden, ertragen
illam = patriam
labefactāre: zugrunde richten

1 Was hätte es, aus Ciceros Sicht, für den Staat und die Politik bedeutet, wenn er bei den Wirren umgekommen wäre? Zitieren Sie lateinisch.

2 Wie bewertet er seinen freiwilligen Gang ins Exil (a) in Hinblick auf den Staat und (b) in Hinblick auf sich selbst? Belegen Sie Ihre Aussagen am Text.

3 Mit welchen sprachlichen und rhetorischen Mitteln schildert er seine persönliche Situation (Z. 22ff.) und was will er damit erreichen?

4 Kommentieren Sie Z. 16.

Cicero verbrachte sein Exil in der makedonischen Stadt Thessaloniki.

7 Der 25. Januar

Der mit Cicero befreundete Volkstribun Q. Fabricius stellte den Antrag auf dessen Rückberufung aus dem Exil. Die Volksversammlung soll entscheiden.

Venit tandem concilio de me agendi dies,
viii Kal. Febr.
Princeps rogationis,
vir mihi amicissimus, Q. Fabricius,
5 templum aliquanto ante lucem occupavit.
Quietus eo die Sestius, is, qui est de vi reus;
actor hic defensorque causae meae
nihil progreditur,
consilia exspectat inimicorum meorum. Quid?

10 Illi, quorum consilio P. Sestius in iudicium vocatur,
quo se pacto gerunt?
Cum forum, comitium, curiam multa de nocte
armatis hominibus ac servis plerisque
occupavissent,
15 impetum faciunt in Fabricium, manus afferunt,
occidunt non nullos, vulnerant multos.
Venientem in forum
virum optimum et constantissimum,
M. Cispium, tribunum plebis, vi depellunt,
20 caedem in foro maximam faciunt. […]
Meministis tum, iudices,
corporibus civium Tiberim compleri,
cloacas referciri, e foro spongiis effingi sanguinem,
ut omnes tantam illam copiam
25 et tam magnificum apparatum
non privatum aut plebeium,
sed patricium et praetorium esse arbitrarentur.
Nihil neque ante hoc tempus
neque hoc ipso turbulentissimo die
30 criminamini Sestium. […]

concilio: in der Volksversammlung
viii Kal. Febr.: 25. Januar
princeps rogationis: Antragsteller

templum: *hier:* Rednerbühne

āctor, ōris *m.*: Förderer
dēfēnsor, ōris *m.*: Verteidiger
prōgredī: *hier:* unternehmen
illī: *gemeint sind die Anhänger des Clodius*

cōnsilium: *hier:* Betreiben
quō pactō?: wie?
comitium: *Eigenname; Platz in Rom*
multā dē nocte: in tiefer Nacht
plērīsque: meist

manūs afferre: handgreiflich werden

M. Cispius: *Eigenname*

Tiberis, is *m.*: Tiber
cloāca: Abwasserkanal
refercīre: verstopfen
spongia: Schwamm
effingere: säubern
cōpia: *hier:* Bande
apparātus, ūs *m.*: Ausrüstung, Gerät
prīvātus: eines Privatmannes
plēbēius: eines Plebejers
patricius: eines Patriziers
praetōrius: eines Prätors *(Justizbeamter); der adelige Appius Claudius Pulcher (Prätor 57) hatte seinem Bruder Clodius eine Gladiatorentruppe zur Verfügung gestellt*
turbulentus: stürmisch
crīminārī: vorwerfen (können)

Hic iam de ipso accusatore quaero,
qui P. Sestium queritur
cum multitudine in tribunatu
et cum praesidio magno fuisse,
35 num illo die fuerit? Certe non fuit.

dē ≈ ex
accūsātor, ōris *m.*: Ankläger
cum aliquā rē esse: etw. um sich
haben
praesidium: *hier*: Schutztruppe,
Leibgarde

1 Suchen Sie aus dem Text alle lateinischen Begriffe zum Sachfeld »Mord und Totschlag«
heraus und ordnen Sie diese zu einer Mindmap.

2 Welche Personen treten an diesem 25. Januar auf und wie verhalten sie sich jeweils?

3 (a) Was möchte Cicero mit der Schilderung dieses Tages und des Verhaltens des Sestius zeigen? – (b) Halten Sie seine Argumentation für stichhaltig? Begründen Sie Ihre
Meinung.

4 Informieren Sie sich über die Funktion der Narratio und beurteilen Sie, ob Ciceros
Narratio diese Aufgabe erfüllt.

Narratio

Die Erzählung des Sachverhaltes ist in der Gerichtsrede deswegen besonders wichtig,
da bereits hier Differenzen zur Gegenpartei deutlich werden können. […] Der Redner
ist besonders in der *narratio* an die Anforderungen gebunden, kurz, klar und glaubwür-
dig aufzutreten […]. Außerdem ist es bei der Erzählung notwendig, bereits parteiisch
zu sein. Das heißt, es soll nur das erzählt werden, das dem Redezweck nicht schadet.
[…]
Wenn es notwendig ist, kann in der *narratio* eine *digressio* aufgenommen werden, die
»der näheren Beschreibung eines Sachverhaltes, einer Begebenheit o.ä.« dient.

(www.rhetorik-homepage.de/aufbau.html)

8 Überfall auf Sestius

Teil 1

Atqui ne ex eo quidem tempore id egit Sestius,
ut a suis munitus tuto in foro magistratum gereret,
rem publicam administraret.
Itaque fretus sanctitate tribunatus,
5 cum se non modo contra vim et ferrum,
sed etiam contra verba atque interfationem
legibus sacratis esse armatum putaret,
venit in templum Castoris, obnuntiavit consuli:

cum subito manus illa Clodiana,
10 in caede civium saepe iam victrix,
exclamat, incitatur, invadit;
inermem atque imparatum tribunum
alii gladiis adoriuntur,
alii fragmentis saeptorum et fustibus;

15 a quibus hic multis vulneribus acceptis
ac debilitato corpore et contrucidato
se abiecit exanimatus,
neque ulla alia re ab se mortem nisi opinione mortis
depulit.

20 Quem cum iacentem
et concisum plurimis vulneribus
extremo spiritu exsanguem et confectum viderent,
defatigatione magis et errore
quam misericordia et modo
25 aliquando caedere destiterunt.

---

atquī: aber
id agere, ut: sich bemühen, dass
tūtō *Adv.*: sicher
frētus + *Abl.*: im Vertrauen auf
sānctitās, tātis *f.*: Unverletzlichkeit
interfātiō, ōnis *f.*: Unterbrechung
(der Rede)
sacrātus: geheiligt, heilig
templum Castōris: Kastor-Tempel;
Tagungsstätte des Senats
obnūntiāre: ein ungünstiges Vorzeichen melden

Clōdiānus: des Clodius
victrīx, īcis *f.*: Siegerin
exclāmāre: lautes Geschrei erheben
incitārī: *hier*: herbeistürzen
invādere, vāsī, vāsum: eindringen;
angreifen
inermis, e: unbewaffnet
imparātus: unvorbereitet, ah-
nungslos
fragmenta, ōrum *n.* saeptōrum:
Zaunpfähle
fustis, is *m.*: Stock, Knüppel

dēbilitāre: verletzen, verstümmeln
contrucīdāre: zusammenhauen
sē abiēcit exanimātus: er brach
bewusstlos zusammen
opīniōne mortis: weil man ihn für
tot hielt

concīdere, cīdī, cīsum: schwer
treffen
extrēmō spīritū: nach Atem rin-
gend
exsanguis, e: leichenblass
cōnfectus: erschöpft, schwach
dēfatīgātiō, ōnis *f.*: Erschöpfung
error, ōris *m.*: Irrtum
modus: *hier*: Mäßigung
caedere, cecīdī, caesum: fällen;
töten
dēsistere, stitī, –: aufhören

Et causam dicit Sestius de vi?
Quid ita? Quia vivit.
At id non sua culpa: Plaga una illa extrema defuit,
quae si accessisset, reliquum spiritum exhausisset. […]

30 Ipsum vero quid accusas?
Num defuit gladiis? Num repugnavit? […]
An haec ipsa vis est, non posse emori?
An illa, quod tribunus plebis templum cruentavit?
An quod, cum esset ablatus primumque resipisset,
35 non se referri iussit? Ubi est crimen?
Quid reprehenditis? […]

causam dīcere: sich vor Gericht verantworten
plāga: Schlag, Hieb
spīritum exhaurīre, hausī: den Atem(zug) nehmen

dēesse: *hier.* ausweichen
repūgnāre: sich wehren
ēmorī = morī
quod *faktisch*: dass
cruentāre: mit Blut beflecken
resipīscere, sipiī: wieder zu sich kommen

1 Gliedern Sie den Text und geben Sie jedem Abschnitt eine deutsche Überschrift.

2 Welche Reaktion hätte man von Sestius nach den Vorfällen vom 25. Januar (Text 7) erwarten können und wie verhält er sich tatsächlich?

3 Wie stellt Cicero den Angriff der *manus Clodiana* dar? Was bezweckt er damit?

4 (a) Welchen Vorwurf will er entkräften und wie geht er dabei vor? – (b) Halten Sie seine Argumentation für überzeugend? Warum (nicht)?

5 Welche Stilmittel sind in Z. 26ff. vorherrschend und was sollen sie zum Ausdruck bringen?

Der Ort des blutigen Geschehens.

Teil 2

Ac si tum P. Sestius, iudices,
in templo Castoris animam,   *animam ēdere:* Leben aushauchen
quam vix retinuit, edidisset,
non dubito quin,
5 si modo esset in re publica senatus,   *sī modo:* sofern
si maiestas populi Romani revixisset,   *māiestās, tātis f.:* Größe, Würde
aliquando statua   *revīvīscere, revīxī:* wieder aufleben
huic, ob rem publicam interfecto,
in foro statueretur.
10 Nec vero illorum quisquam,
quos a maioribus nostris morte obita   *quōs:* deren Statuen
positos in illo loco   *morte obitā:* nach dem Tod
atque in rostris collocatos videtis,   *rōstra, ōrum n.:* Rednerbühne (*auf dem Forum*)
esset P. Sestio aut acerbitate mortis   *acerbitās, tātis f.:* Grausamkeit
15 aut animo in rem publicam praeponendus; *animus in rem pūblicam:* politische Gesinnung
                                        praepōnere, posuī, positum: vorziehen

qui cum causam civis calamitosi,   *calamitōsus:* unglücklich
causam amici,
causam bene de re publica meriti,
causam senatus,
20 causam Italiae,
causam rei publicae suscepisset
cumque auspiciis religionique parens obnuntiaret, *auspicium:* Vogelschau, Vorzeichen (s. u.)
quod senserat, luce palam a nefariis pestibus *obnūntiāre, quod sēnserat:* das von ihm beobachtete ungünstige Vorzeichen melden
in deorum hominumque conspectu esset occisus
25 sanctissimo in templo, sanctissima in causa, *lūce:* am helllichten Tag
sanctissimo in magistratu.   *palam Adv.:* in aller Öffentlichkeit
                                        pestis, is f.: hier: Verbrecher

1 Erstellen Sie ein Satzbild für Z. 1-9.

2 In welchem Fall hätte Sestius eine Statue verdient und warum? Zitieren Sie lateinisch.

3 Untersuchen Sie die Funktion der Stilmittel in Z. 16-26.

4 Zu Teil 1 und 2: Wie wird Sestius in dieser Passage dargestellt und was will Cicero mit dieser Darstellung bezwecken?

5 Zu Teil 1 und 2: Lesen Sie den Zusatztext »Argumentatio« und überlegen Sie, welche Art des Beweises Cicero in Text 8 verwendet.

Auspizien

Auspizien sind aus der Vogelschau gewonnene Vorzeichen, die bei allen wichtigen Entscheidungen des Staates eingeholt werden. Das Flugverhalten bestimmter Vögel galt als Ausdruck des göttlichen Willens.

Argumentatio

Die Beweisführung stellt besonders in der Gerichtsrede den eigentlichen Hauptteil dar. In ihr wird der zuvor knapp skizzierte Sachverhalt begründet, es werden die gegnerischen Argumente widerlegt. Dabei gibt es ganz verschiedene Arten von Argumenten, die der Redner anwenden kann. Es gibt zwei Arten der Beweisführung, die bei Quintilian auch gesondert behandelt werden: die *probatio* (Beweisführung im engeren Sinne) und die *refutatio* (Widerlegung).

Die Beweisarten: Zunächst gibt es Erklärungen und Geständnisse, die nicht der Redekunst entstammen (*probationes inartificiales*). Dann aber sind die Argumente wichtig, die allein aus der Redekunst stammen (*probationes artificales*). Hierunter fallen Indizien (*signa*), eigentliche Beweise (*argumenta*) und Beispiele (*exempla*) sowie besonders in der antiken Rhetorik allgemeingültige Sätze (*sententiae*). Unter die *probationes artificales* zählt auch der eigentliche Beweis: das Argument, eine »rationale Schlußfolgerung«. Eine unwidersprochene Wahrheit wird auf etwas Zweifelhaftes bezogen, um daraus die Richtigkeit zu beweisen: Der Kaiser ist ein Mensch. Alle Menschen sind sterblich. Der Kaiser ist [also] sterblich.

(www.rhetorik-homepage.de/aufbau.html)

Rostra und Saturntempel.

9 Sestius und seine Leibgarde

Teil 1

»Homines,« inquit, »emisti, coegisti, paravisti.«
Quid ut faceret? Senatum obsideret?
Cives indemnatos expelleret? Bona diriperet?
Aedes incenderet? Tecta disturbaret?
5 Templa deorum immortalium inflammaret?
Tribunos plebis ferro e rostris expelleret? […]

Haec ut efficere posset,
quae fieri nisi armis oppressa re publica
nullo modo poterant, idcirco, credo,
10 manum sibi P. Sestius et copias comparavit.
»At nondum erat maturum; nondum res ipsa
ad eius modi praesidia viros bonos compellebat.«

Pulsi nos eramus, non omnino ista manu sola,
sed tamen non sine ista: Vos taciti maerebatis.
15 Captum erat forum anno superiore,
aede Castoris tamquam arce aliqua
a fugitivis occupata:
Silebatur. […]

Forum corporibus civium Romanorum
20 constratum (erat) caede nocturna:
Non modo nulla nova quaestio,
sed etiam vetera iudicia sublata (erant).
Tribunum plebis plus viginti vulneribus acceptis
iacentem moribundumque vidistis:
25 Alterius tribuni plebis, divini hominis,
– dicam enim,
   quod sentio et quod mecum sentiunt omnes –
divini, insigni quadam,
inaudita, nova magnitudine animi,
30 gravitate, fide praediti, domus est oppugnata
ferro, facibus, exercitu Clodiano. […]

inquit: *erg.* der Ankläger
indemnatus: der nicht verurteilt wurde
bonum: das Gute; Gut
diripere, ripio, ripui, reptum: plündern
tectum: *hier:* Haus
disturbare: zerstören
inflammare: entzünden, in Brand stecken

nisi armis: nur mit Waffengewalt
idcirco: deshalb
comparare: *hier:* sich beschaffen, zulegen
maturum: an der Zeit
praesidia, orum *n.:* Schutztruppen
compellere, puli, pulsum: (zusammen) treiben; drängen
pulsi eramus: *Pluralis maiestatis/modestiae*
tacitus: schweigend
maerere, ui, –: trauern
superior, oris: früher, vergangen
tamquam: (gleich)wie
fugitivus: flüchtig, entlaufener Sklave
silere, ui, –: still sein, schweigen

consternere, stravi, stratum: bestreuen, bedecken
nocturnus: nächtlich
quaestio, onis *f.:* Frage, (gerichtliche) Untersuchung, Prozess
moribundus: im Sterben liegend
alterius tribuni: *gemeint ist Sestius' Kollege Milo*
divinus: *hier:* herausragend
inauditus: beispiellos
novus: *hier:* ungewöhnlich
magnitudo, dinis *f.* animi: Beherztheit
praeditus + *Abl.:* ausgestattet, begabt mit
fax, facis *f.:* Fackel
Clodianus: des Clodius

1 Was wird Sestius vom Ankläger vorgeworfen (Z. 1 und 11f.)?

2 (a) Wie begegnet Cicero diesem Vorwurf und welche Stilmittel nimmt er dabei zu Hilfe? – (b) Was wirft er den staatlichen Behörden vor und was bezweckt er mit dieser Schilderung?

Teil 2

Milo hatte sich daraufhin eine Leibgarde zugelegt, um sich vor den Gewalttätigkeiten des Clodius zu schützen, gegen den er mit gesetzlichen Mitteln – zeitweise durften keine Gerichtsverhandlungen geführt werden – nicht vorgehen konnte. Sein Vorgehen fand allgemeine Zustimmung.

Quo modo igitur hoc in genere praesidii comparati
accusas Sestium, cum idem laudes Milonem?
An qui sua tecta defendit,
qui ab aris focis ferrum flammamque depellit,
5 qui sibi licere vult tuto esse in foro,
in templo, in curia,
iure praesidium comparat?

Qui vulneribus,
quae cernit cottidie toto corpore,
10 monetur, ut aliquo praesidio
caput et cervices et iugulum ac latera tutetur,
hunc de vi accusandum (esse) putas?

hōc ... comparātī: in diesem Punkt, der Aufstellung einer Leibwache
īdem: *hier:* andererseits
an quī: (klagst du) etwa jemanden (an), der
sua tēcta ≈ suam domum
ab ārīs focīs: von Haus und Hof
comparāre: *hier:* sich beschaffen, zulegen

cottīdiē *Adv.:* täglich
cervīx, īcis *f.* (*meist Pl.*): Hals, Nacken
iugulum: Kehle
tūtārī: schützen

1 Zeichnen Sie Satzbilder zu Z. 3-7 und Z. 8-12.

2 Vergleichen Sie: Weshalb haben sich Milo bzw. Sestius eine Leibgarde zugelegt? Wie wird ihr Verhalten jeweils bewertet?

3 Was will Cicero mit diesem Vergleich bezwecken?

4 Zu Teil 1 und 2: (a) Wie argumentiert Cicero gegenüber dem in Teil 1, Z. 1 erhobenen Vorwurf? – (b) Halten Sie seine Argumentation für schlüssig? Warum (nicht)?

10 Die Entstehung des Gemeinwesens

Quis enim nostrum, iudices,
ignorat ita naturam rerum tulisse,
ut quodam tempore homines
nondum neque naturali neque civili iure descripto
5 fusi per agros ac dispersi vagarentur
tantumque haberent,
quantum manu ac viribus per caedem ac vulnera
aut eripere aut retinere potuissent?

nostrum: *Gen. von* nōs
nātūra rērum fert, ut: die Natur der
Dinge bringt es mit sich, dass
quōdam tempore: *gemeint ist der
Urzustand der Menschheit*
nātūrālis, e: natürlich
dēscrībere, scrīpsī, scrīptum: auf-
schreiben
fūsus ac dispersus: vereinzelt und
verstreut
vagārī: umherstreifen
manū ac vīribus: mit brutaler Gewalt

Qui igitur primi
10 virtute et consilio praestanti
exstiterunt,
ii perspecto genere
humanae docilitatis atque ingenii
dissipatos unum in locum congregaverunt
15 eosque ex feritate illa
ad iustitiam atque ad mansuetudinem transduxerunt.

cōnsilium: *hier:* Umsicht

docilitās, tātis *f.*: Gelehrigkeit
dissipātus: verstreut lebend
congregāre: versammeln
feritās, tātis *f.*: Rohheit
iūstitia: Gerechtigkeit
mānsuētūdō, dinis *f.*: Milde

Tum res ad communem utilitatem,
quas publicas appellamus,
tum conventicula hominum,
20 quae postea civitates nominatae sunt,
tum domicilia coniuncta, quas urbes dicimus,
invento et divino iure et humano
moenibus saepserunt.

rēs: *hier:* Einrichtungen
ūtilitās, tātis *f.*: Nutzen, Vorteil
conventiculum: Zusammenschluss
domicilia coniūncta: Anhäufung
von Häusern
moenibus: wie mit einer Mauer
saepīre, saepsī: umgeben

Atque inter hanc vitam perpolitam humanitate
25 et illam immanem
nihil tam interest quam ius atque vis.
Horum utro uti nolumus, altero est utendum.

perpolītus: veredelt
hūmānitās, tātis *f.*: *hier:* menschliche
Gesittung
immānem: *erg.* vītam
immānis, e: *hier:* roh, wild
nihil inter ... tam interest quam: es
gibt keinen größeren Unterschied
zwischen ... als den zwischen
hōrum utrō ūtī nōlumus ≈ sī alterō
ūtī nōlumus

Vim volumus exstingui: ius valeat necesse est,
id est iudicia, quibus omne ius continetur;
30 iudicia displicent aut nulla sunt,
vis dominetur necesse est.

iūs valeat necesse est ≈ necesse est,
ut iūs valeat
continērī + *Abl.*: *hier:* beruhen auf
displicent ≈ sī displicent
displicēre, plicuī, –: missfallen
vīs dominētur necesse est ≈ necesse
est, ut vīs dominētur
dominārī: Herr sein, herrschen

Hoc vident omnes: Milo et vidit et fecit,
ut ius experiretur, vim depelleret.
Altero uti voluit, ut virtus audaciam vinceret;
35 altero usus necessario est,
ne virtus ab audacia vinceretur.

Eademque ratio fuit Sestii, si minus in accusando
– neque enim per omnes fuit idem fieri necesse –
at certe in necessitate defendendae salutis suae
40 praesidioque contra vim et manum comparando.

Milō ... dēpelleret: Auch Milo sah
es und wollte sein Recht geltend
machen und der Gewalt Schranken
setzen (*indem er Clodius anklagte*)
alterō (= vī) *ūsus necessāriō est:* er
musste auf Gewalt zurückgreifen

ratiō, ōnis f.: hier: Überlegung
sī minus ... at certē: wenn auch nicht
..., so doch gewiss
in + Gerundium: indem ...
vīs et manus: rohe Gewalt

1 Welche Phasen unterscheidet Cicero in seiner Beschreibung des Urzustandes der Menschheit? Nennen Sie lateinische Schlüsselbegriffe.

2 Was ist entscheidend für die »Wende«?

3 Erläutern Sie das Verhältnis zwischen *ius* und *vis* (Z. 26).

4 Welche Rolle spielt Milo in diesem Text?

5 (a) Lehnt Cicero die Anwendung von Gewalt grundsätzlich ab? Begründen Sie Ihre Antwort. – (b) Was meinen Sie: Lässt sich die Anwendung von Gewalt rechtfertigen?

6 Wie passt diese Passage in Sestius' Verteidigung? Lesen Sie dazu auch noch einmal Text 9.

7 (a) Lesen Sie den Zusatztext und vergleichen Sie ihn mit den Ausführungen Ciceros. – (b) Recherchieren Sie z.B. im Internet, wie verschiedene antike Philosophen den »Urzustand« der Menschheit beschreiben, und bereiten Sie ein Kurzreferat vor.

Was ist der Mensch?

Vom römischen Komödiendichter Plautus stammt der Satz *homo homini lupus (est)*, während der griechische Philosoph Aristoteles über 100 Jahre früher den Menschen als *zoón politikon* (ein soziales, auf Gemeinschaft angewiesenes Wesen) und *zoón logikon* (ein sprechendes bzw. vernünftiges Wesen) bezeichnet.

11 Die Optimaten

Der Ankläger hatte in seiner Rede vor Gericht Sestius die Verbindung mit der »Optimatensipp-schaft« (natio optimatium) vorgeworfen. Auf diesen Begriff geht Cicero im Folgenden ausführlich ein.

Teil 1

Duo genera semper in hac civitate fuerunt eorum,
qui versari in re publica
atque in ea se excellentius gerere studuerunt;
quibus ex generibus alteri se populares,

5 alteri optimates et haberi et esse voluerunt.

versārī in rē pūblicā: sich in der Politik betätigen
excellentius sē gerere: eine herausragende Rolle spielen
populārēs, ium *m.*: Popularen, Anhänger der Volkspartei
optimātēs, ium *m.*: Optimaten, Aristokraten, Patrioten

Qui ea, quae faciebant quaeque dicebant,
multitudini iucunda volebant esse, populares,
qui autem ita se gerebant,
ut sua consilia optimo cuique probarent,

10 optimates habebantur.
Quis ergo iste optimus quisque?
Numero, si quaeris, innumerabiles,
neque enim aliter stare possemus;
sunt principes consilii publici,

15 sunt, qui eorum sectam sequuntur,
sunt maximorum ordinum homines,
quibus patet curia,
sunt municipales rusticique Romani,
sunt negotii gerentes,

20 sunt etiam libertini optimates.

probāre aliquid alicui: *hier:* jmd. etw. annehmbar machen, jmd. mit etw. gefallen wollen
optimus quisque: gerade die Besten
numerō: *Abl. respectus*
innumerābilis, e: unzählig
stāre: *hier:* sich behaupten
cōnsilium pūblicum: Staatsrat
sectam alicuius sequī: jmd.s Anhänger sein
ōrdō, dinis *m.*: Ordnung; (gesellschaftl.) Stand
mūnicipālis, is *m.*: Bewohner einer Landstadt
rūsticus: Bauer
negōtiī gerēns, ntis *m.*: Geschäftsmann
lībertīnus: Freigelassener

Numerus, ut dixi, huius generis
late et varie diffusus est;
sed genus universum, ut tollatur error,
brevi circumscribi et definiri potest.

lātē et variē diffūsus: weithin und über alle Schichten verbreitet
genus ūniversum: die Gruppe als ganze
brevī: *Adv. zu* brevis, e
circumscrībere: umschreiben
dēfīnīre: bestimmen, definieren

25 Omnes optimates sunt, qui neque nocentes sunt
nec natura improbi nec furiosi
nec malis domesticis impediti.

nocēns, ntis: schädlich
furiōsus: fanatisch
malīs domesticīs impedītus: in häusliches Elend verstrickt

Esto igitur, ut ii sint, quam tu »nationem« appellavisti,
qui et integri sunt
30 et sani et bene de rebus domesticis constituti.

	estō, ut: hieraus folgt, dass
	sint: *erg.* optimātēs
	quam ≈ quōs
	nātiō, ōnis *f.: hier:* Sippschaft
	sānus: gesund; vernünftig
	bene dē rēbus domesticīs cōnsti-
	tūtus: in geordneten Verhältnis-
	sen lebend

Horum qui voluntati, commodis, opinionibus
in gubernanda re publica serviunt,
defensores optimatium
ipsique optimates gravissimi
35 et clarissimi cives numerantur
et principes civitatis.

	commodum: Vorteil, Interesse
	gubernāre: steuern, lenken
	gravis, e: *hier:* bedeutend
	clārus: *hier:* angesehen

Quid est igitur propositum
his rei publicae gubernatoribus,
quod intueri et quo cursum suum derigere debeant?

	prōpositum: Vorsatz, Ziel
	gubernātor, ōris *m.:* Lenker, Lei-
	ter
	intuērī: betrachten, sehen
	cursum dērigere: Kurs ausrichten

40 Id, quod est praestantissimum
maximeque optabile omnibus sanis et bonis et beatis,
cum dignitate otium.
Hoc qui volunt, omnes optimates,
qui efficiunt, summi viri
45 et conservatores civitatis putantur;
neque enim rerum gerendarum dignitate
homines efferri
ita convenit, ut otio non prospiciant,
neque ullum amplexari otium,
50 quod abhorreat a dignitate.

	optābilis, e: wünschenswert
	beātus: *hier:* wohlhabend

	cōnservātor, ōris *m.:* Erhalter,
	Retter
	rērum gerendārum dīgnitās: An-
	sehen aus politischer Tätigkeit
	efferrī: sich hinreißen lassen
	prōspicere, iō + *Dat.: hier:* sich
	kümmern um
	amplexārī aliquid: sich an etw.
	klammern
	abhorrēre ab, uī, –: zurück-
	schrecken vor, nicht passen zu

1 Welche politischen Gruppierungen gibt es in der römischen Gesellschaft und wodurch
unterscheiden sie sich (Z. 1-10)? Zitieren Sie lateinisch.

2 Welche Personen rechnet Cicero zu den Optimaten und wodurch zeichnen sie sich aus?

3 Informieren Sie sich, z.B. im Internet, über den Aufbau der römischen Gesellschaft und
die Ständeordnung.

4 (a) Welches Ziel verfolgen die positiv dargestellten Staatslenker? Nennen Sie den lateinischen Schlüsselbegriff. – (b) Umschreiben Sie mit eigenen Worten, was damit gemeint sein könnte. Berücksichtigen Sie auch Z. 46-50. – (c) Lesen Sie den Zusatztext
»Übersetzungsbeispiele« (S. 29) und begründen Sie, welche Übersetzung Ihnen am
besten erscheint.

Teil 2

Huius autem otiosae dignitatis
haec fundamenta sunt, haec membra,
quae tuenda principibus
et vel capitis periculo defendenda sunt:
5 religiones, auspicia, potestates magistratuum,
senatus auctoritas, leges,
mos maiorum, iudicia, iuris dictio,
fides, provinciae, socii, imperii laus,
res militaris, aerarium.

10 Harum rerum tot atque tantarum esse
defensorem et patronum
magni animi est,
magni ingenii magnaeque constantiae.
Etenim in tanto civium numero
15 magna multitudo est eorum,
        qui aut propter metum poenae,
        peccatorum suorum conscii,
        novos motus conversionesque
        rei publicae quaerant
20   aut qui propter insitum quendam animi furorem
        discordiis civium ac seditione pascantur
    aut qui propter implicationem rei familiaris
        communi incendio malint quam suo deflagrare.

Qui cum tutores sunt et duces
25   suorum studiorum vitiorumque nacti,
in re publica fluctus excitantur,
        ut vigilandum sit iis,
            qui sibi gubernacula patriae depoposcerunt,
        enitendumque omni scientia ac diligentia,
30   ut, conservatis iis,
                quae ego paulo ante
                fundamenta ac membra esse dixi,
            tenere cursum possint
            et capere otii illum portum et dignitatis.

ōtiōsa dīgnitās: in Würde aufrecht-
erhaltener Friede
fundāmentum: *Grundlage*
membrum: *Glied, Element*
religiōnēs: *hier:* Kulte
potestās, tātis *f.: hier:* Befugnis
auctōritās, tātis *f.: hier:* Autorität,
Machtstellung
iūdicia, iūris dictiō: Straf- und Zivil-
gerichtsbarkeit
fidēs, ēī *f.: hier:* Treuepflicht
laus, laudis *f.: hier:* Ruhm
aerārium: Staatskasse, Finanzen

patrōnus: *Schutz-, Schirmherr*
māgnī animī est: es ist Zeichen von
großem Mut
cōnstantia: Standhaftigkeit
etenim: denn, nämlich
peccātum: Verfehlung
cōnscius alicuius reī: einer Sache
bewusst
novus: *hier:* revolutionär
conversiō, ōnis *f.:* Umwälzung
īnsitus: angeboren
furor, ōris *m.: hier:* Wahnsinn
discordia: Zwietracht
sēditiō, ōnis *f.:* Aufstand, Aufruhr
pāscere, pāvī, pāstum: weiden
implicātiō, ōnis *f.* reī familiāris: zer-
rüttete Vermögensverhältnisse
incendiō dēflagrāre: im Brand un-
tergehen

tūtor, ōris *m.:* Beschützer, Verfechter
flūctūs excitantur: die Wellen schla-
gen hoch
ut: *konsekutiv*
vigilāre: wachen, wachsam sein
gubernāculum: Steuerruder
dēposcere, poposcī, –: beanspruchen
ēnītī, ut: sich dafür einsetzen, dass

capere: *hier:* erreichen

Hanc ego viam, iudices,
  si aut asperam atque arduam
  aut plenam esse periculorum aut insidiarum negem,
  mentiar,
  praesertim cum id non modo intellexerim semper,
40 sed etiam praeter ceteros senserim.

hanc ... iūdicēs: *gehört in den sī-Satz*
arduus: steil

mentīrī: lügen
praeter cēterōs: mehr als andere
sentīre: *hier*: am eigenen Leibe
erfahren

1 (a) Suchen Sie Oberbegriffe für die Z. 5-9 genannten Begriffe. Was ist ihnen gemeinsam?

2 Welche Eigenschaften müssen die Männer haben, die sich für die in Z. 5-9 aufgeführten Werte einsetzen? Zitieren Sie lateinisch.

3 Charakterisieren Sie die gegnerische *multitudo* (Z.15) und ihre Motive.

4 Wie stellt sich Cicero am Ende des Textes dar und was will er damit bewirken?

5 Lesen Sie den Zusatztext und vergleichen Sie mit Ihrer Antwort zu Teil 1, Aufgabe 4 (b).

Cum dignitate otium

Dignitas entspricht nicht unserem Begriff »Würde«. Die Würde ist in unserem Sprachgebrauch ein absoluter Wert, der jedem Menschen zukommt. *Dignitas* aber betont nicht die Gleichheit der Menschen, sondern ihre Ungleichheit. Sie hebt die gesellschaftlichen Unterschiede hervor, indem sie die von der Gesellschaft anerkannte Geltung, die Vorrangstellung bezeichnet, die einer auf Grund von Geburt oder eigenem Verdienst einnimmt. *Otium* ist das Gegenteil von *negotium*, also von den Tätigkeiten, die das Leben des römischen Mannes ausfüllten: Geld- und Handelsgeschäfte, vor allem aber die öffentliche Tätigkeit auf militärischem und politischem Gebiet. *Otium* bezeichnet alles, was zur privaten Sphäre gehört, ob es sich nun um ein Ausruhen von angestrengter Tätigkeit handelt oder um ein Gespräch unter Freunden oder um Beschäftigung mit Kunst und Wissenschaft, mit Literatur und Philosophie. In der Sprache der Politik ist *otium* häufig identisch mit Ruhe und Frieden, besonders im Innern [...]. *Dignitas* und *otium* sind Begriffe, die sich sowohl auf Individuen als auch auf Kollektive und Institutionen anwenden lassen.

(Cicero, Pro P. Sestio oratio/Rede für P. Sestius, Lateinisch/Deutsch. Übersetzt und herausgegeben von G. Krüger, Stuttgart 1980, S. 196f.)

Übersetzungsbeispiele für „cum dignitate otium"

  - der mit Würde bewahrte Frieden (M. Fuhrmann)
  - Frieden in Ehren (H. Kasten)
  - ehrenvoller Ruhestand (http://geschichtsverein-koengen.de/RoemSprichwort.htm)

Teil 3

Maioribus praesidiis et copiis
oppugnatur res publica,
quam defenditur,
propterea quod audaces homines et perditi
5 nutu impelluntur
et ipsi etiam sponte sua
contra rem publicam incitantur,
boni nescio quo modo tardiores sunt
et principiis rerum neglectis
10 ad extremum ipsa denique necessitate excitantur,
ita ut non numquam cunctatione ac tarditate,
dum otium volunt etiam sine dignitate retinere,
ipsi utrumque amittant.

Propugnatores autem rei publicae
15 qui esse voluerunt,
si leviores sunt, desciscunt, si timidiores, desunt:

Permanent illi soli
atque omnia rei publicae causa perferunt,
qui sunt tales, qualis pater tuus, M. Scaure, fuit,
20 qui a C. Graccho usque ad Q. Varium
seditiosis omnibus restitit,
quem numquam ulla vis,
ullae minae, ulla invidia labefecit; [...]

aut, ut vetera exempla,
25 quorum est copia digna huius imperii gloria,
relinquam,
neve eorum aliquem, qui vivunt, nominem,
qualis nuper Q. Catulus fuit,
quem neque periculi tempestas neque honoris aura
30 potuit umquam de suo cursu
aut spe aut metu demovere.
Haec imitamini, per deos immortales,
qui dignitatem, qui laudem, qui gloriam quaeritis!
Haec ampla sunt, haec divina, haec immortalia;
35 haec fama celebrantur,
monumentis annalium mandantur,
posteritati propagantur.

---

praesidia et cōpiae: Truppen und Machtmittel
quam: *bezieht sich auf* māiōribus
audācēs … et perditī: *gemeint sind die Anhänger des Clodius*
nūtus, ūs *m.*: Wink
impellere, pulī, pulsum: anstoßen, antreiben
incitāre: *hier:* aufwiegeln
nescīō quō modō: aus irgendeinem Grund
tardus: *hier:* träge, bequem
ad extrēmum: schließlich
dēnique: *hier:* im letzten Moment
excitāre: *hier:* aufrütteln
cūnctātiō, ōnis *f.*: Zögern
tarditās, tātis *f.*: Trägheit

prōpūgnātor, ōris *m.*: Vorkämpfer, Verteidiger
dēscīscere: ihrer Aufgabe untreu werden
dēesse: *hier:* von vornherein aufgeben

permanēre: *hier:* ausharren
M. Scaurus: *Vater des Prätors, vor dem wohl der Prozess stattfindet*
C. Gracchus: *Volkstribun (123 und 122 v.Chr.)*
Q. Varius: *Volkstribun (91 v.Chr.)*
sēditiōsus: Aufrührer
minae, ārum *f.*: Drohungen
invidia: *hier:* Missgunst, Anfeindung
labefacere: erschüttern, ins Wanken bringen

nēve: und damit nicht
nūper: *hier:* kürzlich
Q. Catulus: *Konsul 78 v.Chr., als Optimat Gegner der Sullaner*
aura: *hier:* Aussicht
dēmovēre: abbringen
haec: *erg.* exempla
imitārī: nachahmen
per: *hier:* bei
monumenta annālium mandāre: in geschichtlichen Dokumenten festhalten
posteritās, tātis *f.*: Nachwelt
prōpāgāre: überliefern

1 Suchen Sie aus dem Text alle lateinischen Begriffe zu den Sachfeldern »menschliche Eigenschaften« und »Werte« heraus und ordnen Sie diese zu einer Mindmap.

2 Wie stellt Cicero hier die politische Lage dar und wen macht er dafür verantwortlich? Zitieren Sie lateinisch.

3 Erläutern Sie Z. 12f.

4 In welcher Absicht führt Cicero hier die Namen früherer Politiker an?

5 Worin sieht er die Lösung des Problems und mit welchen stilistischen Mitteln unterstreicht er seine Aussage?

6 Nehmen Sie Stellung zu Ciceros »Problemlösung«.

Der politische Aufbau der römischen Republik

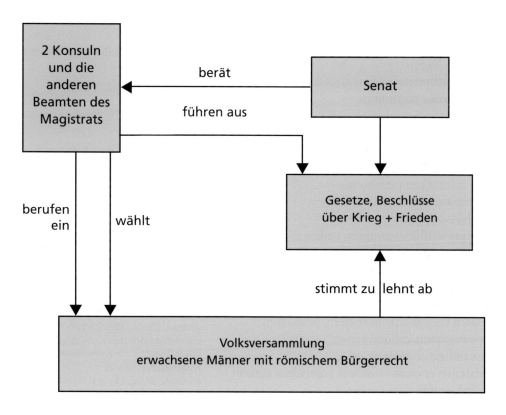

12 Aufruf an die Jugend

Teil 1

Sed ut extremum habeat aliquid oratio mea, [...]
concludam illud de optimatibus
eorumque principibus ac rei publicae defensoribus,
vosque, adulescentes, et qui nobiles estis,

5 ad maiorum vestrorum imitationem excitabo,
et qui ingenio ac virtute
nobilitatem potestis consequi,
ad eam rationem,
in qua multi homines novi

10 et honore et gloria floruerunt,
cohortabor.

extrēmum: Ende
conclūdere, clūsī, clūsum: (ab-/be-) schließen
illud: meine Ausführungen
et quī: soweit ihr
imitātiō, ōnis f.: Nachahmung
et quī: und euch, soweit ihr ...
ratiō, ōnis f.: hier: Verhalten, Lebensweg
novus: vgl. Aufgabe 2
florēre + Abl.: hier: sich auszeichnen durch
cohortārī: ermahnen, ermuntern

Haec est una via, mihi credite,
et laudis et dignitatis et honoris:
a bonis viris sapientibus et bene natura constitutis
15 laudari et diligi;
novisse discriptionem civitatis a maioribus nostris
sapientissime constitutam;

bene nātūrā cōnstitūtus: von Natur aus gut
discrīptiō, ōnis f.: Ordnung

qui cum regum potestatem non tulissent,
ita magistratus annuos creaverunt,
20 ut consilium senatus rei publicae
praeponerent sempiternum,
deligerentur autem in id consilium
ab universo populo
aditusque in illum summum ordinem
25 omnium civium industriae ac virtuti pateret.

quī = māiōrēs
ita ... ut: hier: mit der Maßgabe ..., dass
annuus: jährlich
creāre: (er)schaffen
cōnsilium sempiternum: ständiges Gremium
senātūs: Gen. explicativus
praepōnere, posuī, positum + Dat.: an die Spitze stellen von
dēligerentur: erg. Mitglieder als Subjekt
industria: Fleiß, Tatkraft

Senatum rei publicae custodem, praesidem,
propugnatorem collocaverunt;
huius ordinis auctoritate uti
magistratus et quasi ministros gravissimii consilii
30 esse voluerunt;
senatum autem ipsum
proximorum ordinum splendorem confirmare,
plebis libertatem et commoda
tueri atque augere voluerunt.

praeses, idis m.: Beschützer
auctōritāte ūtī: sich nach dem Willen richten
magistrātūs: Akk. Pl.
minister, trī m.: Diener
gravis, e: hier: bedeutend
voluērunt: erg. als Subjekt māiōrēs
proximī ōrdinēs: nächstfolgende Stände
splendor, ōris m.: Glanz, Ansehen
augēre: hier: fördern

1 Welche Gruppen spricht Cicero hier an und wodurch unterscheiden sie sich?

2 Informieren Sie sich über den Begriff des *homo novus* (Z. 9) und bereiten Sie ein Kurzreferat vor.

3 (a) Welcher »Lohn« wartet auf die *adulescentes* (Z. 4), wenn sie Ciceros Aufruf folgen? Zitieren Sie lateinisch. – (b) Was müssen sie tun, um diesen »Lohn« zu bekommen?

4 (a) Wie kam es nach Ciceros Ausführungen zur gegenwärtigen Staatsordnung Roms und was zeichnet sie aus? Nennen Sie Stichworte. – (b) Welche Rolle wird hier dem Senat zugewiesen?

Shell-Studie 2010

Dieser leichte Anstieg [des politischen Interesses bei Jugendlichen] ist zum einen auf die mittleren und gehobenen Schichten und zum anderen auf die Jüngeren zurückzuführen. Bei den 12- bis 14-Jährigen ist das Interesse von 11 Prozent in 2002 auf mittlerweile 21 Prozent gestiegen. Und auch bei den 15- bis 17- Jährigen gab es eine positive Trendwende: In 2002 waren in dieser Gruppe 20 Prozent politisch interessiert, heute sind es 33 Prozent. Kein Anstieg ist hingegen bei den Jugendlichen im Alter von 18 bis 25 Jahren zu verzeichnen.
Stabil bleibt die politische Selbsteinschätzung der Jugendlichen: Die Mehrheit ordnet sich etwas links von der Mitte ein. Auch beim Vertrauen in gesellschaftliche Institutionen hat sich wenig geändert: Hohe Bewertungen gab es für Polizei, Gerichte, Bundeswehr sowie Menschenrechts- und Umweltschutzgruppen, niedrige für die Bundesregierung, die Kirche, große Unternehmen und Parteien. Kaum verwunderlich, dass in Zeiten der Wirtschafts- und Finanzkrise das Vertrauen in Banken am meisten gelitten hat. Entsprechend zeigt sich bei den Jugendlichen heutzutage nicht nur Politikverdrossenheit, sondern auch ein ausgeprägter Missmut gegenüber Wirtschaft und Finanzen. Trotz der allgemeinen Politik- und Parteienverdrossenheit sind Jugendliche durchaus bereit, sich an politischen Aktivitäten zu beteiligen, insbesondere dann, wenn ihnen eine Sache persönlich wichtig ist. So würden 77 Prozent aller jungen Leute bei einer Unterschriftenaktion mitmachen. Immerhin 44 Prozent würden auch an einer Demonstration teilnehmen.

(http://www.shell.de/home/content/deu/aboutshell/our_commitment/shell_youth_study/2010/politics/)

Teil 2

Haec qui pro virili parte defendunt, optimates sunt,
cuiuscumque sunt ordinis;
qui autem praecipue suis cervicibus
tanta munera atque rem publicam sustinent,
5 hi semper habiti sunt optimatium principes,
auctores et conservatores civitatis.

Huic hominum generi fateor, ut ante dixi,
multos adversarios, inimicos, invidos esse,
multa proponi pericula, multas inferri iniurias,
10 magnos esse experiendos et subeundos labores;

sed mihi omnis oratio est cum virtute,
non cum desidia,
cum dignitate, non cum voluptate, cum iis,
qui se patriae, qui suis civibus,
15 qui laudi, qui gloriae,
non qui somno et conviviis et delectationi
natos (esse) arbitrantur.

Nam si qui voluptatibus ducuntur
et se vitiorum illecebris et cupiditatium lenociniis
20 dediderunt,
missos faciant honores,
ne attingant rem publicam,
patiantur virorum fortium labore se otio suo perfrui.

Qui autem bonam famam bonorum,
25 quae sola vere gloria nominari potest, expetunt,
aliis otium quaerere debent et voluptates, non sibi.
Sudandum est iis pro communibus commodis,
adeundae inimicitiae,
subeundae saepe pro re publica tempestates:
30 cum multis audacibus, improbis,
non numquam etiam potentibus dimicandum (esse).
Haec audivimus
de clarissimorum virorum consiliis et factis,
haec accepimus, haec legimus. [...]

---

prō virīlī parte: nach Kräften

praecipuē *Adv.*: besonders
cervīcibus sustinēre: auf den
Schultern tragen
auctor, ōris *m.*: *hier.* Anführer,
Leiter

adversārius: Gegner
invidus: neidisch; Neider
prōpōnī perīcula: Gefahren ausgesetzt werden

ōrātiō est cum: die Rede handelt
von
dēsidia: Trägheit
patriae … dēlectātiōnī: *Dat. com-
modi*

convīvium: Gastmahl, Gelage
dēlectātiō, ōnis *f.*: Vergnügen

dūcī: *hier.* sich (ver)leiten lassen
illecebra: Verlockung
lēnōcinium: Reiz, Verführung
faciant: *Optativ*
missōs facere honōrēs: auf Ämter
verzichten
attingere rem pūblicam: sich mit
Politik befassen
patī + *aci*: *hier.* sich zufrieden
geben
labōre: *Abl. causae*
perfruī + *Abl.*: (ganz) genießen

expetere, petīvī, petītum: erstre-
ben, begehren
quaerere: *hier.* verschaffen

sūdāre: schwitzen, sich abmühen
adīre: *hier.* hinnehmen

dīmicāre: kämpfen

accipere: *hier.* erfahren

35 Qua re imitemur nostros Brutos, Camillos, Ahalas,
Decios, Curios, Fabricios, Maximos,
Scipiones, Lentulos, Aemilios,
innumerabiles alios,
qui hanc rem publicam stabiliverunt;
40 quos equidem in deorum immortalium
coetu ac numero repono.
Amemus patriam, pareamus senatui,
consulamus bonis;
praesentes fructus neglegamus,
45 posteritatis gloriae serviamus;
id esse optimum putemus, quod erit rectissimum;
speremus, quae volumus, sed (id,)
quod acciderit, feramus;
cogitemus denique
50 corpus virorum fortium
magnorumque hominum esse mortale,
animi vero motus
et virtutis gloriam sempiternam (esse).

nostrī Brūtī … Aemiliōs: unsere
großen Männer wie Brutus …
Aemilius *(berühmte Römer)*

stabilīre: festigen

coetū ac numerō repōnere: in den
Kreis und die Zahl einreihen

frūctus, ūs *m.*: *hier:* Belohnung
posteritās, tātis *f.*: Nachwelt

spērāre, quae: hoffen auf die Erfül-
lung dessen, was

mōtus, ūs *m.* animī: geistige Kraft
sempiternam: *Prädikatsnomen zu*
mōtūs *und* glōriam
sempiternus: immer während,
ewig

1 Gliedern Sie den Text und geben Sie den Abschnitten deutsche Überschriften.

2 Wie werden die Optimaten in diesem Abschnitt beschrieben?

3 (a) Welche Männer sollen sich von der Politik fernhalten? Nennen Sie die lateinischen Schlüsselbegriffe. – (b) Recherchieren Sie, wie politisches Engagement in der Philosophie der Stoa bzw. Epikurs beurteilt wird. Bereiten Sie ein Kurzreferat vor.

4 Informieren Sie sich genauer über einige der oben genannten »berühmten Römer« (Z. 35ff.) und notieren Sie stichwortartig, wodurch sie sich auszeichneten.

5 (a) Welche Rolle spielt in dieser Passage die Nachwelt? – (b) Bewerten Sie Ciceros Auffassung.

6 Lesen Sie noch einmal Text 11 und definieren Sie mit eigenen Worten, was mit dem Begriff »Optimaten« gemeint ist.

13 Schlussappell

Teil 1

Sed me repente, iudices,
de fortissimorum et clarissimorum civium
dignitate et gloria dicentem
et plura etiam dicere parantem
5 horum aspectus in ipso cursu orationis repressit.

hōrum: der dort Sitzenden
reprimere, pressī: zurückhalten, hemmen

Video P. Sestium,
meae salutis, vestrae auctoritatis,
publicae causae defensorem,
propugnatorem, actorem, reum;
10 video hunc praetextatum eius filium
oculis lacrimantibus me intuentem;

āctor, ōris m.: Beistand, Stütze
reum: *prädikativ*
praetextātus: in der purpurverbrämten Toga *(Gewand freigeborener Jungen unter 17 Jahren)*
lacrimāre: weinen

video Milonem, vindicem vestrae libertatis,
custodem salutis meae,
subsidium afflictae rei publicae,
15 exstinctorem domestici latrocinii,
repressorem caedis cottidianae,
defensorem templorum atque tectorum,
praesidium curiae, sordidatum et reum. […]

vindex, dicis m.: Beschützer
afflīctus: angeschlagen
exstīnctor, ōris m.: Vernichter
domesticum latrōcinium: städtisches Bandenwesen
repressor, ōris m.: Unterdrücker
tēctum: *hier:* Haus
sordidātum et reum: *prädikativ*
sordidātus: in Trauerkleidung

Atque hic tot et talium civium squalor, hic luctus,
20 hae sordes susceptae sunt propter unum me,
quia me defenderunt,
quia meum casum luctumque doluerunt,
quia me lugenti patriae,
flagitanti senatui, poscenti Italiae,
25 vobis omnibus orantibus reddiderunt.

squālor, ōris m.: *hier:* düsteres Aussehen
sordēs suscipere: Trauerkleidung anlegen

lūgēre, lūxī, lūctum: jammern, trauern
flāgitāre: fordern
poscens, ntis: (nach mir) verlangend

Quod tantum est in me scelus?
Quid tanto opere deliqui illo die,
cum ad vos indicia, litteras,
confessiones communis exitii detuli,
30 cum parui vobis?

est in mē scelus: ich habe ein Verbrechen begangen
Quid tantō opere dēliquī?: Worin habe ich so sehr gefehlt?
indicium: *hier:* Aussage
cōnfessiō, ōnis f.: Geständnis
commūnis exitiī: derer, die unser aller Untergang planten; *gemeint sind Catilina und seine Komplizen*

Ac si scelestum est amare patriam,
pertuli poenarum satis: Eversa domus est,
fortunae vexatae, dissipati liberi, raptata coniunx,
frater optimus, incredibili pietate, amore inaudito,
35 maximo in squalore volutatus est
ad pedes inimicissimorum;

scelestus: verbrecherisch, frevelhaft
ēvertere, versī, versum: zerstören
fortūnae, ārum *f. Pl.: hier:* Vermögen
vexāre: *hier:* plündern
dissipāre: verstreuen
raptāre: wegschleppen
pietās, tātis *f.: hier:* Liebe
inaudītus: beispiellos
maximō in squālōre: in Sack und
Asche
volutārī ad: sich werfen vor

ego pulsus aris, focis, deis, penatibus,
distractus a meis,
carui patria, quam, ut levissime dicam,
40 certe protexeram; pertuli crudelitatem inimicorum,
scelus infidelium, fraudem invidorum.

ārīs, focīs: von Haus und Hof
penātēs, ium *m.:* Penaten *(Schutzgötter des Hauses)*
distrahere, trāxī, tractum: fortreißen
levissimē: *hier:* sehr zurückhaltend
prōtegere, tēxī, tēctum: beschützen
crūdēlitās, tātis *f.:* Grausamkeit
īnfidēlis, e: treulos

1 Gliedern Sie den Text und geben Sie den Abschnitten deutsche Überschriften.

2 Was haben die Z. 6-25 genannten Personen gemeinsam? Was haben sie getan und in welcher Situation befinden sie sich jetzt?

3 (a) Worin besteht das »Verbrechen« Ciceros und wie hat er dafür gebüßt? – (b) Was will er mit dieser Darstellung bezwecken? – (b) Bewerten Sie seine Selbstdarstellung.

4 Untersuchen Sie die Stilmittel in diesem Textabschnitt und erläutern Sie ihre Funktion.

Teil 2

Si hoc non est satis,
quod haec omnia deleta (esse) videntur reditu meo,
multo mihi, multo, inquam, iudices,
praestat in eandem illam recidere fortunam
5 quam tantam importare
meis defensoribus et conservatoribus calamitatem.
An ego in hac urbe esse possim,
liis pulsis, qui me huius urbis compotem fecerunt?
Non ero, non potero esse, iudices. […]

quod: *kausal*
dēlēre: *hier*: wiedergutmachen
reditū: *sc. aus dem Exil*
multō: *Abl. mensurae*
recidere in + *Akk.*: etw. noch einmal erleiden
importāre: zufügen
hīs: *gemeint sind Sestius und Milo*
aliquem compotem urbis facere: jmd. das Leben in Rom ermöglichen
nōn erō (compos): ich werde in der Lage sein
poterō esse: ich werde nicht bleiben können

10 neque hic umquam puer, qui his lacrimis,
qua sit pietate, declarat, amisso patre suo propter me
me ipsum incolumem videbit, nec,
quotienscumque me viderit,
ingemescet
15 ac pestem suam ac patris sui se dicet videre.

puer: *gemeint ist Sestius' Sohn*
pietās, tātis *f.*: *hier*: Liebe zum Vater
quotiēnscumque: immer wenn
ingemēscere: aufseufzen
pestis, is *f.*: Unheil, Verderben

Ego vero hos in omni fortuna, quaecumque erit oblata,
complectar, nec me ab iis,
quos meo nomine sordidatos videtis,
umquam ulla fortuna divellet;

hōs: *gemeint sind Sestius und Milo*
omnis fortūna, quaecumque erit oblāta: jedes Schicksal, das ihnen bevorstehen mag
complectī: *hier*: unterstützen
meō nōmine: um meinetwillen
sordidātus: in Trauerkleidung
dīvellere: losreißen, trennen

20 neque eae nationes, quibus me senatus commendavit,
quibus de me gratias egit,
hunc exsulem propter me sine me videbunt.

commendāre: empfehlen, ans Herz legen
grātiās agere dē mē: meinetwegen danken
exsulem: *prädikativ*
exsul, is *m.*: Verbannter

Sed haec di immortales,
qui me (in) suis templis advenientem receperunt
25 stipatum ab his viris et P. Lentulo consule,
atque ipsa res publica, qua nihil est sanctius,
vestrae potestati, iudices, commiserunt.

dī = deī
haec: *Akk.*; unser Schicksal
advenīre, vēnī, ventum: ankommen
stīpāre: begleiten
P. Lentulus: *Konsul 57 v.Chr.*

Vos hoc iudicio omnium bonorum mentes confirmare,
improborum reprimere potestis,
30 vos his civibus uti optimis (potestis),
vos me reficere et renovare rem publicam (potestis).

mentēs: *hier*: Ziele, Absichten
reprimere: in die Schranken weisen
ūtī + *Abl.*: *hier*: sich stützen auf
reficere: *hier*: mit neuem Lebensmut erfüllen
renovāre: erneuern, wiederherstellen

Qua re vos obtestor atque obsecro, ut,
si me salvum esse voluistis,
eos conservetis, per quos me recuperavistis.

obtestārī: beschwören, inständig bitten
obsecrāre: beschwören, anflehen
salvus: gesund, wohlbehalten; gerettet
cōnservāre: *hier*: retten
recuperāre: wiedererlangen, zurückbe-
kommen

1 (a) Was möchte Cicero in jedem Fall verhindern und wozu ist er deshalb bereit? Zitieren Sie lateinisch. – (b) Welchem Ziel dient dieses »Angebot«?

2 (a) Zeichnen Sie ein Satzbild zu Z. 10-15. – (b) Warum wird Sestius' Sohn erwähnt?

3 (a) Welches Urteil wünscht sich Cicero von den Richtern, und wie versucht er, sie in
seinem Sinne zu beeinflussen? – (b) Bewerten Sie seine Strategie.

4 Lesen Sie den Text zur »Peroratio« und überprüfen Sie, ob sich Cicero an die dort ge-
gebenen Empfehlungen hält.

Peroratio

Im Schlußteil der Rede kann das Gesagte nochmals kurz zusammengefaßt werden
(Aufzählung, *enumeratio*). Der Redner sollte zudem die Bewertung des Vorgetrage-
nen den eigenen Interessen entsprechend nochmals betonen: entweder dadurch, daß
er seine besondere Bedeutung hervorhebt, oder daß er auf die Nichtigkeit hinweist.
– Letztlich muß das Redeziel hier durchgesetzt werden: Entweder soll der Zuhörer
etwas erfahren haben, an etwas erinnert werden oder zu einer Handlung aufgefordert
werden. Besonders ein affektivischer Schluß ist dazu geeignet.

(www.rhetorik-homepage.de/aufbau.html)

Zu den Texten 1-13

1 (a) Was wird Sestius vorgeworfen und mit welchen Argumenten versucht Cicero, diesen Vorwurf zu entkräften? – (b) Halten Sie seine Ausführungen für überzeugend?
Begründen Sie Ihre Meinung.

2 (a) Wie beschreibt Cicero seine eigene Situation in dem Plädoyer und was hat sie mit
Sestius zu tun? – (b) Wozu nutzt Cicero die Rede vor Gericht außerdem?

3 Wie könnten Ciceros Gegner auf diese Rede reagiert haben?

4 Stellen Sie sich vor, Sie hätten die Aufgabe, Sestius vor Gericht zu verteidigen. Entwer-
fen Sie eine ausführliche Gliederung.

Meinungen zur Sestius-Rede

1

Ciceros Verteidigung des politischen Freundes ist, da der Gegenstand der Anklage außer Zweifel steht, ganz in die Form einer *laudatio* gekleidet: Die hervorragende Abkunft des Mandanten, seine edle Gesinnung, sein untadeliger Lebenswandel, seine politische Verlässlichkeit und nicht zuletzt seine Verdienste um die Rettung des Staates und des Freundes ergeben zusammen ein beredtes Charakterbild, dessen Wirkung sich auch die Richter nicht entzlehen können. [...]
Um der doppelten Aufgabe gerecht zu werden – es geht um Ciceros politisches »Comeback« und die Rettung eines Mannes, der für ihn neben dem Volkstribunen Milo eine der wichtigsten Stützen auf dem Weg dorthin darstellt – bedient sich der Redner aller verfügbaren Register und rhetorischen Stilmittel. Vorzüglich die Anapher und die Stilfiguren der Reihung (Parallelismus, Chiasmus, Klimax), erzeugen [...] jenen pathetisch-erhabenen Ton, der in der ganzen Rede durchgehalten wird, gelegentlich aber in ausgesprochene Wehleidigkeit abgleitet. [...] Solche – sicherlich beabsichtigten – Entgleisungen [...] gehen aber wiederum auf das Konto der Dankbarkeit gegen Sestius und lassen diese nur um so glaubwürdiger erscheinen.

(Hauptwerke der antiken Literaturen. Einzeldarstellungen und Interpretationen zur griechischen, lateinischen und biblisch-patristischen Literatur. Herausgegeben von E. Schmalzriedt, München 1976, S. 301)

2

Ciceros noble Rede für Sestius teilt sich mit allem, was ringsum geschah, in die kurz angepflockte, die Dinge aus viel zu großer Nähe betrachtende Perspektive; sie ragt indes durch ihren Schwung, durch ihre geistige Substanz, durch den Versuch, die beste römische Staatstradition für die Aufgaben der Gegenwart zu mobilisieren, weit über die damaligen Durchschnittsbestrebungen hinaus [...]. Darüber hinaus kommen in der Programmatik der Rede für Sestius – trotz ihrer Bindung an eine ständisch gegliederte Gesellschaft – zeitlose Probleme aller Staatlichkeit zu Wort: ob ein Staat nur materielle Zwecke (*otium*) verfolge, ob er auch auf ideellen Werten (*dignitas* [...]) beruhe, für die zumindest eine Schicht von Verantwortlichen Opfer zu bringen bereit sein müsse, und wie sich die materiellen, die Wohlfahrtszwecke, zu den ideellen Werten, dem Rechts- und Freiheitswert usw., verhalten.

(Marcus Tullius Cicero, Sämtliche Reden. Eingeleitet, übersetzt und erläutert von Manfred Fuhrmann. Bd. 5. Zürich/München 1978, S. 283 und 289)

3

Die *Sestiana* zeigt, daß Cicero glaubte, der Staat lasse sich auf der Grundlage der überkommenen Staatsordnung, in der dem Senat die Führung zukommt, erneuern. Er sah nicht [...], dass der Senat und die Magistrate den sozialen, militärischen und verwaltungstechnischen Aufgaben nicht mehr gewachsen war. [...] Die *Sestiana* zeigt auch, dass Cicero der Meinung war, für erfolgreiches politisches Handeln komme es vor allem auf die gute Gesinnung an [...]. Die Wirklichkeit belehrte ihn schnell eines anderen: Im April desselben Jahres – kurze Zeit nach dem Sestius-Prozeß – trafen sich die Triumvirn Caesar, Pompeius und Crassus in Lucca und erneuerten ihr Bündnis. Das war das Ende der *res publica* und einer an sie gebundenen politischen Tätigkeit auf der Grundlage von ‚*cum dignitate otium*‘.

(Cicero, Pro P. Sestio oratio/Rede für P. Sestius, Lateinisch/Deutsch. Übersetzt und herausgegeben von G. Krüger, Stuttgart 1980, S. 202f.)

4

In den gegen seine Feinde gerichteten Abschnitten freilich zeigte er, dass er die nach unserem Urteil kaum verantwortbare, aber durchaus übliche Anschwärzung politischer Gegner mit höchster Meisterschaft zu handhaben, ja sie sogar mit philosophischer Gedankenführung zu verbinden und so an Wirkung zu steigern verstand. Der Text bietet dafür eine Reihe ebenso glänzender wie bedenklicher Beispiele.

(Cicero, Pro Sestio, mit Texten zu Grundfragen der theoretischen Rhetorik und Begleittexten von Heinz Gunermann, Bamberg ²1992, S. 9)

5

Die *Sestiana* jedoch erscheint auf den ersten Blick als etwas unlogisch und unübersichtlich, die Rede selbst als überreich an Exkursen, besonders da sich mit der Person des Angeklagten nur relativ wenige Paragraphen befassen [...]. Einen wesentlich größeren Raum nimmt der lebhafte Bericht von den Schicksalsschlägen und Triumphen, d.h. von dem Exil und der Rückkehr des Redners selbst ein [...]. Cicero führt seine Gedanken über das Gemeinwesen und die Rolle der leitenden Staatsmänner länger aus, die er der Jugend mit besonderem Nachdruck ans Herz legen möchte [...]. Oberflächlich betrachtet könnte man dazu neigen jener schon in der Antike formulierten Ansicht beizupflichten, daß Cicero in seiner Rede viel zu weit vom eigentlichen Gegenstand des Prozesses abgewichen sei, bzw. daß die uns überlieferte Form der *Pro Sestio* mit der eigentlichen Gerichtsrede nicht viel zu tun hätte [...]. Beim gründlicheren Lesen müssen wir allerdings die Meinung Manfred Fuhrmanns teilen, daß nämlich die Rede eine geschlossene, wohl durchdachte, logische Einheit bildet, da Cicero selber betont, daß – nachdem die einzelnen Anklagepunkte von Crassus, Hortensius und Calvus überzeugend widerlegt worden sind – er nichts anderes zu tun hätte, als den Lebenswandel und das Wirken des Sestius als Tribun im breit angelegten historisch-politischen Kontext zu würdigen.

(Tamás Nótári, Cum dignitate otium. Staatsgedanke und forensische Taktik in Ciceros Rede Pro Sestio [2007]; http://www2.ulg.ac.be/vinitor/rida/2010/07.Notari.pdf)

1 Lesen Sie die fünf Texte und tragen Sie in eine Tabelle die Punkte ein, die die oben zitierten Autoren an der Sestius-Rede als positiv oder negativ herausheben. Bewerten Sie den Befund.

2 Verfassen Sie eine eigene kurze Stellungnahme zur Sestius-Rede.

14 Lob der Rhetorik

Teil 1

»Neque vero mihi quicquam« inquit (Crassus)
»praestabilius videtur quam posse dicendo
tenere hominum mentes, allicere voluntates,
impellere, quo velit, unde autem velit, deducere:

Crassus: *berühmter Redner in vorcicero-
nischer Zeit*
praestābilis, e: vorzüglich, vortreff-
lich
allicere: anziehen, gewinnen
voluntās, tātis *f.: hier.* Gemüt
velit: *erg.* ōrātor

5 Haec una res in omni libero populo
maximeque in pacatis tranquillisque civitatibus
praecipue semper floruit semperque dominata est.

pācātus: befriedet, friedlich
tranquillus: ruhig
praecipuus: außerordentlich, besonders

Quid enim est aut tam admirabile
quam ex infinita multitudine hominum
10 exsistere unum,
qui id, quod omnibus natura sit datum,
vel solus vel cum perpaucis facere possit?

admīrābilis, e: bewundernswert
īnfīnītus: unendlich, unbegrenzt

perpaucī, ae, a: sehr wenige

Aut (quid est) tam iucundum cognitu atque auditu
quam sapientibus sententiis gravibusque verbis
15 ornata oratio et polita?
Aut (quid est) tam potens tamque magnificum
quam populi motus, iudicum religiones,
senatus gravitatem unius oratione converti?

cōgnitū, audītū *Supinum II*: zu ver-
nehmen, zu hören
polītus: ausgefeilt
māgnificus: großartig
religiō, ōnis *f.: hier*. Bedenken
convertere, vertī, versum: (um)wen-
den, verwandeln

Quid (est) tam porro regium, tam liberale,
20 tam munificum quam opem ferre supplicibus,
excitare afflictos, dare salutem,
liberare periculis, retinere homines in civitate?

porrō *Adv.*: ferner
līberālis, e: vornehm; freigiebig
mūnificus: mildtätig, großmütig
supplex, plicis: demütig bittend,
flehend
excitāre: *hier*. aufrichten
afflīctus: niedergeschlagen

Quid (est) autem tam necessarium
quam tenere semper arma,
25 quibus vel tectus ipse esse possis
vel provocare integer vel te ulcisci lacessitus?

tenēre: *hier*. besitzen
prōvocāre: zum Kampf herausfor-
dern
ulcīscī, ulcīscor, ultus sum: rächen
lacessere, lacessīvī, lacessītum: reizen

Age vero,
ne semper forum, subsellia,
rostra curiamque mediteris,
30 quid esse potest in otio aut iucundius
aut magis proprium humanitatis
quam sermo facetus ac nulla in re rudis?«

age vērō: und weiter
subsellium: Bank im Gericht
meditārī + *Akk.*: nachdenken über,
denken an

facētus: elegant; geistreich

42

1 Suchen Sie aus dem Text alle lateinischen Begriffe zum Sachfeld »Werturteile« heraus und ordnen Sie diese zu einer Mindmap.

2 Welche Fähigkeiten schreibt Crassus der Redekunst zu? Zitieren Sie lateinisch.

3 In welchen Bereichen spielt die Redekunst eine Rolle? Schreiben Sie die lateinischen Begriffe heraus.

4 Untersuchen Sie die Funktion der hier verwendeten Stilmittel.

Teil 2

»Hoc enim uno praestamus vel maxime feris,
quod colloquimur inter nos
et quod exprimere dicendo sensa possumus.
Quam ob rem quis hoc non iure miretur
5 summeque in eo elaborandum esse arbitretur, ut,
quo uno homines maxime bestiis praestent,
in hoc hominibus ipsis antecellat?

Ut vero iam ad illa summa veniamus,
quae vis alia potuit aut dispersos homines
10 unum in locum congregare aut a fera agrestique vita
ad hunc humanum cultum civilemque deducere
aut iam constitutis civitatibus
leges, iudicia, iura describere?

Ac ne plura, quae sunt paene innumerabilia,
15 consecter, comprehendam brevi: Sic enim statuo
perfecti oratoris moderatione et sapientia
non solum ipsius dignitatem,
sed et privatorum plurimorum
et universae rei publicae salutem maxime contineri.
20 Quam ob rem pergite, ut facitis, adulescentes,
atque in id studium, in quo estis, incumbite,
ut et vobis honori et amicis utilitati
et rei publicae emolumento esse possitis.«

vel maximē: ganz besonders
fera: wildes Tier
quod *faktisch*: dass
exprimere, pressī, pressum: aus-
drücken
sēnsa, ōrum *n. Pl.*: Empfindungen,
Gedanken
ēlabōrāre: sich bemühen
bēstia: Tier
antecellere, –, – + *Dat.*: jmd. über-
treffen

summa, ōrum *n. Pl.*: das Wichtigste
dispersus: zerstreut, versprengt
congregāre: versammeln
ferus: wild
agrestis, e: ländlich, bäuerlich
cultus, ūs *m.*: Pflege; Verehrung;
Lebensart
cōnstituere: *hier*: gründen
dēscrībere: anordnen, vorschreiben

cōnsectārī: *hier*: erwähnen
comprehendere: *hier*: zusammen-
fassen
brevī: kurz, mit wenigen Worten
statuere: *hier*: meinen
moderātiō, ōnis *f.*: Mäßigung, Len-
kung
continērī + *Abl.*: *hier*: beruhen auf
incumbere, cubuī, cubitum in +
Akk.: sich mit Eifer widmen
ēmolumentum: Vorteil, Nutzen

1 Wie unterscheiden sich die Menschen von den Tieren? Zitieren Sie auch lateinisch.

2 (a) Welche Verdienste schreibt Crassus hier der Redekunst zu? Zitieren Sie auch lateinisch. – (b) Teilen Sie seine Beurteilung? Warum (nicht)?

3 (a) Warum sollen sich die jungen Männer dem Studium der Rhetorik widmen? Nennen Sie die lateinischen Begriffe. – (b) Welchen Anspruch erhebt Cicero damit für die
Bedeutung der Rhetorik?

»Ich sehe sie als eine Sache an, die, als Geschicklichkeit betrachtet, ausgezeichnet, als Kunst, unbedeutend ist. Denn die Wissenschaft gehört nur den Dingen an, welche gewusst werden; des Redners ganze Tätigkeit aber beruht auf Meinungen und nicht auf Wissen. Denn wir reden vor Leuten, die unwissend sind, und reden über Gegen-
5 stände, von denen wir selbst nichts wissen. So wie nun jene über dieselben Gegenstände bald so, bald anders denken und urteilen, so verteidigen wir oft entgegengesetzte Rechtshändel. So kommt es, dass nicht nur Crassus zuweilen gegen mich redet oder ich gegen Crassus, obwohl einer von beiden notwendig die Unwahrheit sagen muss, sondern auch wir beide über denselben Gegenstand zu verschiedenen Zeiten ver-
10 schiedene Ansichten verfechten, obwohl es nur eine Wahrheit geben kann. Wie von einem Gegenstand also, der sich auf Unwahrheit gründet, der sich nicht oft bis zum Wissen erhebt, der nach den Meinungen der Menschen und oft nach ihren Irrtümern hascht, so werde ich von der Beredsamkeit reden, wenn ihr Grund zu haben glaubt, mich anzuhören.«

15 »Ei freilich«, sagte Catulus, »und zwar recht sehr glauben wir, Grund zu haben, und um so mehr, weil du, wie ich glaube, alle Prahlsucht vermeiden wirst. Denn du hast ohne Ruhmredigkeit mehr mit dem begonnen, was nach deiner Ansicht der eigentliche Sachbestand ist, als mit einer Gott weiß wie erhabenen Würde.«

»So wie ich nun von der Beredsamkeit im allgemeinen zugestanden habe«, fuhr An-
20 tonius fort, »dass sie keine sehr bedeutende Wissenschaft sei, so behaupte ich, dass sich sehr scharfsinnige Vorschriften darüber geben lassen, wie man die Gemüter der Menschen behandeln und ihre Zuneigung erhaschen müsse. Will man die Kenntnis hiervon für eine große Wissenschaft erklären, so habe ich nichts dagegen. Denn da gar viele ohne Plan und Überlegung in Rechtsklagen auf dem Forum als Redner auftreten,
25 einige dagegen wegen der Übung oder einer gewissen Gewohnheit dies mit größerer Geschicklichkeit tun, so unterliegt es keinem Zweifel, dass, wenn man auf die Ursachen achtet, warum die einen besser als die anderen reden, man sich dies aufzeichnen könne. Wer nun dieses in allen Teilen der Rede tut, der wird, wenn auch nicht eine vollständige Wissenschaft doch etwas der Wissenschaft Ähnliches finden.

30 Und möchte ich doch, wie ich auf dem Forum und in den Rechtssachen solche Beobachtungen zu machen glaube, so auch jetzt imstande sein, euch auseinanderzusetzen, wie sie gefunden werden! Doch ich will versuchen, was ich vermag; jetzt trage ich euch vor, was meine Überzeugung ist: Mag auch immerhin die Beredsamkeit keine Wissenschaft sein, so gibt es doch nichts Herrlicheres als einen vollkommenen Redner.

35 Denn um von dem Nutzen der Rede zu schweigen, der sich in jedem friedlichen und freien Staat so mächtig zeigt, so liegt in der Redefertigkeit selbst ein so großes Vergnügen, dass die Menschen weder für das Gehör noch für den Geist etwas Angenehmeres empfinden können.

Denn welchen Gesang kann man lieblicher finden als den Vortrag einer wohlgemesse-
40 nen Rede? Welches Gedicht schöner gefügt als einen kunstreich gegliederten Satzbau? Welcher Schauspieler kann uns durch die Nachahmung der Wahrheit mehr anziehen als der Redner durch die Verteidigung derselben? Was erregt mehr unsere Bewunde-

rung, als wenn ein Gegenstand durch den Glanz der Worte beleuchtet wird? Was ist reichhaltiger als eine mit jeder Art von Sachen reichlich ausgestattete Rede? Denn es gibt keinen Gegenstand, der nicht dem Redner angehörte, wenn er mit Schmuck und Nachdruck vorgetragen werden soll.

Dem Redner kommt es zu, wenn Rat erteilt werden soll, über die wichtigsten Angelegenheiten seine Ansicht mit Würde zu entwickeln; ihm gleichfalls, ein Volk, wenn es sich schlaff zeigt, anzufeuern, wenn es zügellos ist, in Schranken zu halten; durch dieselbe Geschicklichkeit wird dem Verbrechen der Menschen Verderben und der Unschuld Sicherheit bereitet. Wer kann feuriger zur Tugend auffordern, wer von den Lastern nachdrücklicher zurückrufen? Wer die Schlechten strenger tadeln? Wer die Guten schöner loben? Wer die Leidenschaft gewaltiger durch Anklage bändigen? Wer die Trauer sanfter durch Trost mildern?

Die Geschichte aber, die Zeugin der Zeiten, das Licht der Wahrheit, das Leben der Erinnerung, die Lehrmeisterin des Lebens, die Verkünderin alter Zeiten, durch welche andere Stimme als durch die des Redners wird sie der Unsterblichkeit geweiht? Denn gäbe es noch irgendeine andere Wissenschaft, welche die Kenntnis, Worte zu schaffen oder auszuwählen, in Anspruch nähme, oder könnte man von irgendeinem andern außer dem Redner behaupten, er verstehe, die Rede zu bilden, ihr eine abwechselnde Färbung des Ausdrucks zu verleihen und sie auszuschmücken mit hervorstehenden Worten und Gedanken; oder würde irgendwo anders als in dieser einzigen Wissenschaft das Verfahren gelehrt, Beweise oder Gedanken zu finden oder überhaupt Einteilung und Anordnung zu gewinnen – so müssten wir bekennen, dass entweder das, was unsere Wissenschaft lehrt, ihr nie angehöre oder dass sie es mit irgendeiner anderen Wissenschaft gemein habe.

1 Ist die Beredsamkeit in Antonius' Augen eine Wissenschaft? Warum (nicht)?

2 Welche Aufgaben werden hier der Beredsamkeit zugeschrieben?

3 Was vermag sie zu leisten?

4 Vergleichen Sie diese Passage mit Text 14.

Alphabetischer Lernwortschatz

A

abhorrēre ab, uī, –	zurückschrecken vor, nicht passen zu
accūsātor, ōris *m.*	Ankläger
admīrābilis, e	bewundernswert
advenīre, vēnī, ventum	ankommen
adversārius	Gegner
agrestis, e	ländlich, bäuerlich
annuus	jährlich
antecellere, –, – + *Dat.*	*jmd.* übertreffen
apertus	offen(kundig)
apparātus, ūs *m.*	Ausrüstung, Gerät
arduus	steil
armātus	bewaffnet
aspectus, ūs *m.*	Blick, Anblick
auspicium	Vogelschau, Vorzeichen

B

benevolentia	Wohlwollen
bēstia	Tier
bis *Adv.*	zweimal
bonum	das Gute; Gut

C

caedere, cecīdī, caesum	fällen; töten
causam dīcere	sich vor Gericht verantworten
cervīx, īcis *f.* (*meist Pl.*)	Hals, Nacken
clādēs, is *f.*	Niederlage, Sturz; Unglück, Unheil
cohortārī	ermahnen, ermuntern
commodum	Vorteil, Interesse
compellere, pulī, pulsum	(zusammen)treiben; drängen
complexus, ūs *m.*	Umarmung
comprobāre	für gut befinden, billigen
conclūdere, clūsī, clūsum	(ab-/be-)schließen
congregāre	versammeln, zusammenscharen
cōnscius alicuius reī	einer Sache bewusst
cōnservātor, ōris *m.*	Erhalter, Retter
cōnsōlārī	trösten
cōnstantia	Standhaftigkeit
cōnsternere, strāvī, strātum	bestreuen, bedecken
convertere, vertī, versum	(um)wenden, verwandeln
convīvium	Gastmahl, Gelage
cottīdiē *Adv.*	täglich
creāre	(er)schaffen
crūdēlitās, tātis *f.*	Grausamkeit
cultus, ūs *m.*	Pflege; Verehrung; Lebensart

D

dēfēnsor, ōris *m.*	Verteidiger
dēpellere, pulī, pulsum	vertreiben, abwehren, -wenden
dēsidia	Trägheit
dēsistere, stitī, –	aufhören
dīmicāre dē	kämpfen um
dīripere, ripiō, ripuī, reptum	plündern
discessus, ūs *m.*	Weggang
discordia	Zwietracht
displicēre, plicuī, –	missfallen
dissimulāre	verheimlichen, verleugnen
domesticus	häuslich, familiär
dominārī	Herr sein, herrschen

E

error, ōris *m.*	Irrtum
etenim	denn, nämlich
ēvertere, vertī, versum	umkehren, zerstören
excīdere, cīdī, cīsum	zerstören
expedītus	(einsatz)bereit
expers, pertis + *Gen.*	frei von
expetere, petīvī, petītum	erstreben, begehren
exprimere, pressī, pressum	ausdrücken
exsistere, exstitī	hervortreten, sich zeigen
exsul, is *m.*	Verbannter

F

fax, facis *f.*	Fackel
ferus	wild
fidus	zuverlässig, treu
flāgitāre	fordern
fugitīvus	flüchtig; entlaufener Sklave
fundāmentum	Grundlage

G

glōriārī	sich rühmen
gubernāre	steuern, lenken

I

idcircō	deshalb
imitārī	nachahmen
impellere, pulī, pulsum	anstoßen, antreiben
incumbere, cubuī, cubitum in + *Akk.*	sich mit Eifer widmen
industria	Fleiß, Tatkraft
inermis, e	unbewaffnet
īnfīnītus	unendlich, unbegrenzt
īnflammāre	entzünden, in Brand stecken
innumerābilis, e	unzählig

intuērī	betrachten, sehen
invādere, vāsī, vāsum	eindringen; angreifen
invidus	neidisch; Neider
iūstitia	Gerechtigkeit

L

lacessere, lacessīvī, lacessītum	reizen
līberālis, e	vornehm; freigiebig
līberālitās, tātis *f.*	edle Gesinnung, Freigebigkeit
lībertīnus	Freigelassener
lūctus, ūs *m.*	Trauer
lūgēre, lūxī, lūctum	jammern, trauern

M

maerēre, uī, –	trauern
maeror, ōris *m.*	Trauer
māgnificus	großartig
māiestās, tātis *f.*	Größe, Würde
malum	Übel, Leiden
medērī alicui reī	etw. heilen
meditārī + *Akk.*	nachdenken über, denken an
membrum	Glied, Element
mentīrī	lügen
minae, ārum *f.*	Drohungen
minister, trī *m.*	Diener
moderātiō, ōnis *f.*	Mäßigung, Lenkung

N

nātūrālis, e	natürlich
necessitūdō, dinis *f.*	Verwandtschaft
nocturnus	nächtlich

O

obsecrāre	beschwören, anflehen
optimātēs, ium *m.*	Optimaten, Aristokraten, Patrioten
ōrdō, dinis *m.*	Ordnung, (sozialer) Stand

P

palam *Adv.*	öffentlich, in aller Öffentlichkeit
pāscere, pāvī, pāstum	weiden
patrōnus	Schutz-, Schirmherr
perpetī, ior, pessus sum	erleiden, ertragen
pestis, is *f.*	Unheil, Verderben
populārēs, ium *m.*	Popularen, Anhänger der Volkspartei
potius *Adv.*	eher
praecipuus	außerordentlich, besonders
praeditus + *Abl.*	ausgestattet, begabt mit
praepōnere, posuī, positum + *Dat.*	an die Spitze stellen von; vorziehen

prōpositum	Vorsatz, Ziel
prōpūgnātor, ōris *m.*	Vorkämpfer, Verteidiger
prōtegere, tēxī, tēctum	beschützen

Q

quaestiō, ōnis *f.*	Frage, (gerichtliche) Untersuchung, Prozess
querēla	Klage

R

recuperāre	wiedererlangen, zurückbekommen
renovāre	erneuern, wiederherstellen
reservāre	erhalten, aufsparen
restāre	übrig bleiben
rōstra, ōrum *n.*	Rednerbühne (*auf dem Forum*)
rudis, e	roh, ungebildet
rūsticus	Bauer

S

salvus	gesund, wohlbehalten; gerettet
sānus	gesund; vernünftig
scelestus	verbrecherisch, frevelhaft
sēditiō, ōnis *f.*	Aufstand, Aufruhr
semel *Adv.*	einmal
silēre, uī, –	still sein, schweigen
sīn	wenn aber
sollicitūdō, dinis *f.*	Unruhe, Besorgnis
splendor, ōris *m.*	Glanz, Ansehen
superior, ōris	früher, vergangen
supplex, plicis	demütig bittend, flehend

T

tacitus	schweigend
tamquam	(gleich)wie
testārī	als Zeugen anrufen
timidus	furchtsam, ängstlich
tranquillus	ruhig
tribūnātus, ūs *m.*	(Volks)Tribunat
tūtō *Adv.*	sicher

U

ulcīscī, ulcīscor, ultus sum	rächen
ūtilitās, tātis *f.*	Nutzen, Vorteil

V

vagārī	umherstreifen
vel … vel	entweder … oder
vexāre	quälen, erschüttern
victrīx, īcis *f.*	Siegerin
vigilāre	wachen, wachsam sein